Those

Those

Those

Those

傻瓜與超人

30 個 超 越 自 我，用 生 命 影 響 生 命 的 故 事

曲全立 著

趙文豪 文字統籌　**王志揚** 書法創作

目錄

Part 2 改變自己，面對環境

Part 5

用心「分享」，改變未來

Part 6

學習、創新、好奇心

Part 7

閱歷，讓我們看得更高更遠

各界好評

當傻瓜曲導告訴我：「超人的定義，是超越自己的人。」，我確定站在我面前的曲導，絕對不是傻瓜！曲導用銳利的視角看到人性最深邃美好的一面，再將他們用影像記錄下來，期望傳輸到人間的每個角落，陪伴鼓勵更多的人，讓世界更美好。就是曲導這份對人性的真情摯愛，感動了千千萬萬的有志者，走進他「做就對了」的行列中。我與孩子們有幸與曲導同行，感恩他無私的帶領與教導！

——趙翠慧，台灣超人首席顧問

善與愛所產生的漣漪，就像不斷擴散的「圓」，會認識曲導正是因為我的母親趙翠慧女士帶來的善「緣」。原本只知道曲導生了一場重病，復原後毅然投入美力台灣的影像創作與實際行動中。在更深入認識曲導後，非常佩服曲導將美力台灣3D行動電影院開進偏鄉，讓偏鄉學童體驗3D電影的樂趣，並且透過台灣超人的真實生命故事，激勵更多人克服更多難關。我始終相信付出愈多、得到愈多，謝謝曲導在前方領路，讓我們可以一同參與！

——謝源一，泓德能源負責人

去年在一次善的因緣中，與曲導和文豪結識。雖是初次見面，彼此互動卻像已相識許久的老友般，這讓我對曲導與美力台灣有更深刻的認識。在之後幾次見面觀察，曲導臉上總是掛著淡然平靜的微笑；當然，我知道，那是他經歷生命過程風雨之後的從容與智慧。透過書中的傻瓜導演與三十位超人，在我眼中，他們不是非他即彼，而是共同兼備「仁者無憂，智者無惑，勇者無懼」、內心堅毅柔軟的勇者。我們社會迫切需要這樣的能量，由每一位超人勇者，匯聚成一道溫暖正向的光，照亮台灣這片幸福之地。

——曾國強，聚賢研發（股）公司董事長、公益信託生生不息教育基金發起人

泰戈爾說：「把自己活成一道光，因為你不知道，誰會藉著你的光，走出了黑暗。」曲導演在這本書中採訪的超人，許多是從困頓谷底轉念，從而創造不凡的人。他們堅持信念的模樣也許像傻瓜，然而即使面對許多挑戰，他們還是能利他助人，非常令人佩服。人生誰沒有挫折，但面對困境時未必每個人都能夠如此跨越。曲導演的影片充滿力量、採訪撰述引人入勝，閱讀起來像是溫暖的擁抱，讓人不再感到寂寞。除了書中的超人們，自己深深覺得曲導演也是一道光，他是傻瓜，也是超人。希望《傻瓜與超人》能跟曲導演的影片一樣，遍及台灣每個角落。

——程淑芬，國泰金控投資長、亞洲投資人氣候變遷聯盟主席

謝謝曲導，以傻瓜般的精神，超人般的意志力，不辭上山下海到每個學校，教育下一代。不因城鄉差距，將美學、科學、人文教育的概念，帶入每個孩童及青年學子的心中，為他們開一扇窗。這樣的正能量，日後必會發酵、為社會世界帶來善的循環。

——謝慧敏，京都念慈菴總經理

一流導演和一流作家的共同點，就是都很會「說故事」。故事人人愛聽，當你有了好故事，全世界自然都想來聽。很多重要成就與創新商模，都源自一個故事，以及許多的衝突。數理科學的研究，習慣上將環境視為「給定」的條件，但在人文社會科學中，常討論「環境」與「結果」之間的關係，也積極提出改變的建議。本書中的超人們，不甘於原環境給定的劇本，奮發進取並卓然自立，因此誕生了這麼多好故事。「志不求易，事不避難。」這是《後漢書》教的，也是我從本書學到的。

——林丙輝，集中保管結算所董事長

寶島台灣最美的風景是人，不論在大城市或鄉村小鎮，到處都存在著默默為台灣奉獻一己之力的「超人」，這些每天都在努力在「超」越自己的「人」，他們可能就在您的身邊默默地付出。曲全立導演以細膩的心思觀察社會，努力在台灣各地挖掘這些超人，以影片和文字將他們的善行義舉記錄下來，希望藉此傳播他們的精彩故事，啟發讀者們心中的善念。書中每一位主人翁和他們的故事都精彩絕倫，值得讀者細細品嘗，有的超人克服身體的缺陷，持續為眾人持續奉獻；有的超人堅持燃燒自己，幫助扶持更需要的人群。他們的精神力量讓人感到無比地欽佩。有這麼多的超人共同守護、無私地奉獻，出生在這寶島上的我們是多麼地幸福。感謝兩位作者的用心，讓我們看見希望，感受無限的溫馨。

——吳昌錫，台北錫口扶輪社創社社長、台灣超人顧問

曲全立導演的專業和創意，如果去做商業電影或廣告傳銷，一定可以賺很多錢。可是他選擇出錢出力，要用故事來鼓勵偏鄉孩子，有人說他是傻瓜，在

台灣超人能鼓舞人心、激勵鬥志要感謝曲導團隊的辛苦付出，讓偏鄉地區的人都能觀看、獲得資訊，值得宣揚廣傳。

——廖燦誠，盲書藝術家

我是一個平凡的神父，但我知道，這世界需要更多傻瓜來做傻事，一些簡單的事，一些較少人會做的事。這世界也需要更多的超人，堅持不斷地做一些簡單卻可改變自己和社會的事，做些沒人想做卻需要被完成的事。這些傻瓜和超人都在簡單中成就永恆。

——劉一峰，花蓮玉里天主堂神父

小時候都幻想當超人，沒想到長大後真的有機會變成別人眼中的超人。雖然我還是不會飛，但是勇於突破自我，讓夢想起飛。有幸讓自謙傻瓜的曲導把我的故事分享鼓勵大家，其實導演並不傻，他是真正的超人。

——吉雷米，台語節目主持人、作家

我很勇敢地走我想走的路，做想為台灣做的事，天主總會幫助讓最好的安排發生，所以遇到了「做就對了」的曲導和團隊。《傻瓜與超人》不僅訴說故事，更帶給人心力量和啟發。

——秘克琳，神父、財團法人天主教蘭陽青年會暨蘭陽舞蹈團創辦人

超人，就在你我身邊。看著發展遲緩幼童與身心障礙朋友，努力地克服生活中的種種限制，他們每一位都是超人！感謝曲導用精彩的影像，與你我分享，看見社會中的美善，與台灣的熱情「美力」。

——吳道遠，神父

「傻瓜」是思想單純的人，終其一生，傾盡全力，選對舞台，努力活出自己的路，盡情地歡唱生命的樂章。把超越自己的人集合起來，為這世界注入一股暖流，曲導讓這世界弱勢的人群，有了生存的目標及榜樣。

——孫翊倫，輪椅小巨人

我是台灣超人沈利倩，深感榮幸能受到曲全立導演的邀約，讓更多人看見我的精「踩」故事。

——沈利倩，老鷹紅豆

《台灣超人》記錄了每一位生命鬥士的故事，希望愛的力量傳承下去。我也是受訪的生命鬥士之一，當時的我看到了導演是如此用心，每一個鏡頭都想用生命的精神去傳達愛與溫暖。誠摯推薦《傻瓜與超人》，希望讀者們能一起感受每篇故事的溫暖。

——姚宥米，競速甜心

面對生命中無可回避的逆境，以「傻瓜」的心態直球對決！堅忍和毅力是所謂「超人」的一雙翅膀，帶領我們超越自己的限制，讓我能如鷹展翅般上騰翱翔！

——林易超，醫師

《傻瓜與超人》將不同行業的人，以他們的良形佳跡、用文字記錄呈現給少年學子觀賞、激勵人志，使明天的台灣變得更美好，值得閱讀。

——杜英吉，醫師、迦南身心障礙養護院創辦人心理學的研究發現，人只有四種基本情緒：其中三種，恐懼、憤怒和悲傷是負面的，只有一種喜悅是正面的，所以人生是苦多樂少。但是如果人生那麼苦，為什麼人類還能前仆後繼地存活下去呢？因為世上苦雖多，但總有像曲全立導演這樣的人，找出陽光，給我們希望。

有人說曲導演是傻瓜，但是只要你看完曲導演和趙文豪先生合著的這本書後，你會希望這個世界上多一點像曲導演這樣的傻子，因為研究發現，人只要有一點希望，就可以忍受平常不能忍受的苦、堅持活下去。

每個人案頭都應該放上這一本書，在受到挫折沮喪時，打開來看一下，你會發現這個世界還是充滿了美好的人與事。世上的確是苦人多，但好人也不少啊！

——洪蘭，台北醫學大學、中央大學講座教授

大智若愚的傻瓜導演讓台灣人看見世間的美好，讓我們一起跟著「追夢先知」曲導「做就對了！」

——姜義村，國立臺灣師範大學復健諮商與高齡福祉研究所教授、副學務長

曲導演團隊的理念與用心令人欽佩，誠摯推薦！從超人故事中獲得勇氣與堅持的力量，成為更好的自己！

——吳俊傑，台大理學院院長

懷著信念，步履不止，終成一段段壯闊旅途。這本書真誠記錄這些風景，投下火種，牽引更多堅持使命的人。

——吳宗信，國家太空中心主任

令人讚嘆的美力台灣團隊，將台灣激勵人心故事，透過影片、書籍，散播到各處，幫助正處於生命低潮的人跨過生命中困難的坎，積極勇敢向前走。謝

謝曲導及美力台灣團隊的付出，讓台灣更溫馨、富人情味。

——黃秀華，槑齋主人

生命鬥士曲導演當之無愧！腦部開過刀還不時為台灣下一代奮鬥，發光發熱進而照亮別人。願台灣有更多像曲導演般的人士出現，曲導演繼續加油，台灣還需要您！

——阮錦源，陸海空三棲鐵人

用心地對待這片土地、深耕教育、啟發無限的可能與希望，並真誠面對接踵而來的挑戰。這是我對台灣超人最深刻的印象。很榮幸成為《傻瓜與超人》其中的一位主角，讓美力台灣的愛與希望永不止息。

——曾琮諭，博士生、作家、演說家

台灣超人的故事讓我們相信，傳奇不是大人物才有的，每一個人都可以寫下自己的傳奇。只要心中有夢想，依循這個夢想前進，就能為這個世界增添一些光彩。每個人身上都有太陽，只是要讓它發光。

——李偉文，牙醫師、作家、荒野保護協會榮譽理事長

推薦序

成為自己生命的超人

蔣萬安

二〇一三年，曲全立導演以《3D Taiwan》紀錄片，榮獲素有3D奧斯卡之稱的世界3D大獎，和名聞國際的台灣導演李安同台，將台灣之美推向國際，成為了另一位台灣之光。

導演用最高的品質，以及一篇篇動人的故事，記錄了台灣每一個美麗的角落。十幾年來，曲導駕駛著「美力台灣3D行動電影車」，走遍三千多所學校、兩百多間弱勢機構，累積超過三十萬公里、啟發三十萬位以上的學童，串聯偏鄉與都市，從《美力台灣》到《台灣超人》，透過影像的呈現，傳遞屬於台灣的故事、台灣的美、台灣的正能量。

推薦序

讓愛，散播到台灣每個角落

張善政

曲全立導演多年來投入在3D電影的拍攝，記錄台灣這塊土地上的點點滴滴，包含海洋、生態、地景，與人文百工的豐富樣態，透過3D電影的呈現，讓每個觀影者都能夠有最深刻的體驗，能夠更加認識自己的家園。然而，就在曲導獲獎無數、處於事業最顛峰之際，突然襲來的病痛，徹底改變了他的人生。

在生死關頭走一遭以後，他賣掉了名下的七棟房子，就是為了啟動偏鄉「3D行動電影車巡演計畫」，讓更多學童藉由影像，認識、認同這塊土地與土地上的風土民情。

我與曲導的緣分，始自我擔任政務委員的期間。當時他來找我幫忙時，我那時問他：「那我可以幫什麼忙呢？」他告訴我：「需要學校的名單。」他的精神就像個傻瓜，不幫忙實在說不過去。許多學校單位一聽到免費播電影的活動，還以為是直銷或是詐騙，因此，我號召教育部與曲導一起推動，以行政院設置的二〇七個「數位機會中心」（Digital Opportunity Center，ＤＯＣ）作為啟程的路線，為都市及偏鄉孩子播放３Ｄ影片。

透過「美力台灣３Ｄ行動電影院」的巡演計畫，曲導年復一年將正能量與感動帶進偏鄉及台灣各個角落，堅持延續愛、延續孩子的笑容，喚醒真善美的在地精神，串聯生命、環境、人文、科技之教育內涵，讓孩子學會珍惜身邊的事物、啟發孩子的視野與夢想。

桃園市政府教育局自一一二學年度起，與曲導攜手合作，為桃園的八十間學校舉辦「美力台灣３Ｄ行動電影院」校園巡演，期許透過行動電影車，讓更多孩子認識自己生活、生長的土地。經由影像的感染力，將行動化為撐起教育的力量。這項計畫，對於拉近城鄉數位落差有很大的貢獻。而去年，曲導推出了《台灣超人》ＡＲ數位親子繪本，透過四本繪本、十六位「台灣超人」身上的強韌生命力，讓父母與孩子一起閱讀、一起成長。更重要的是，傳達給孩子們一個價值——「人人是超人」。

近年來，許多研究機構、新聞媒體紛紛表達擔憂，認為手機、社交軟體、短影音所帶來的快速刺激與滿足，可能對下一代的集中力、認知能力產生負面效應；然而，作為一個科技人，我也了解新科技同樣會帶來無數改變契機與進步。我認為，曲導就是這樣的一個實踐者。

曲導自謙是一位「小園丁」，為台灣這些「美力」的心念來澆水，把「美力台灣」的種子，散播到台灣的每一個角落。在桃園施行巡演後，獲得許多老師、家長的好評，許多孩子也向曲導訴說出紀錄片對他們的改變。我相信，經過這一番耕耘，這些感動的種子會在他們的心田中發芽，長成一棵棵熱愛土地、熱愛生命的參天巨木。

因此，我強烈推薦每一位深愛我們這塊土地的朋友，閱讀《傻瓜與超人》這一本好書，藉由了解這項創舉過程中的點點滴滴，啟發我們、散布正面的能量，成為自己、家人與社會的「超人」。

（本文作者為現任桃園市市長。）

推薦序

人生的劇本，自己寫

王志揚

上天給予了我們每個人一份劇本，在人生這場戲裡，我們都是主角，也同時是導演。儘管劇本裡頭已有了基本的情節架構，很幸運地，我們仍可以改寫自己生命劇情的方向。

在《傻瓜與超人》書中的每位主角，都具有改寫劇本的超能力，這也難怪他們能夠入選為「台灣超人」。如「鳳凰涅槃」的陳美麗，原本就是個時尚愛美的女孩，卻不幸遭遇火煉，容顏燒毀。原本痛不欲生的她，用自己的堅強心志改寫劇本，走出悲情、樂觀面對人生，讓自己活出美麗人生。又如遭兩萬五千伏特電擊的莊傑任，原本就讀建築研究所的他，因這一次意外而改變人生軌跡。在鬼門關前走一遭，重生後的莊傑任化身為護樹天使。

當然，也有人執上帝之筆，書寫自己的生命圖像，同時為他人彩繪了精彩人生。如秘克琳神父成立蘭陽舞蹈團，帶著舞蹈團的孩子們走出國際、開拓視野，也成功地讓世界看見台灣。又如吳道遠神父，全心全意為發展遲緩及身心障礙的朋友謀求最大的福利，或許他只是秉持心中的愛去做應該做的事，卻讓這些辛苦的朋友們改寫原本的悲慘人生。

在我的人生劇本裡，上天也安排了曲折離奇的劇情：一出生就換到另一個家庭成為王家的獨生子，同時也肩負了父母對我的寄望與期盼。從小就聰明伶俐的我，專科就讀時期鋒芒畢露，在老師和同學眼中，都認為我未來的人生版圖必定精彩且事業有成。殊不知上天安排了出人意料的情節——我心愛的妻子得到罕見疾病，讓我必須放下工作全然地照顧她。在愛妻回歸菩薩的懷抱後，我必須照顧兩歲多的女兒，成為專職的單親爸爸。而當女兒可以上學，我準備回歸職場時，辛苦養育我長大的母親失智了，我又必須照顧生病的母親。這一蹉跎就是十四年，錯過了個人事業衝刺的精華時期。這十四年，我用書法改寫自己的抑鬱人生，我用漂流木創造自己的綠意生機，我用中國經典滋養自己的苦澀生命，用全然的愛與關懷陪伴女兒一步一步地成長。我沒有讓上天之筆將自己的命運寫入悲慘的情節，因為我知道，我可以逆轉我的人生。

人生劇本的扉頁，是上天起的頭，出生在什麼樣的家庭，遭遇什麼樣的命運，都只是首部曲。生命編劇之筆終究掌握在我們的手裡，如同本書故事中的三十位精彩人物，他們在生命的谷底沉潛、努力攀升，重新規畫生命的節奏、逆轉情節，寫出了不一樣的精彩人生。

（本文作者為書藝家、台灣超人。）

引言

從心所至，緣善而往

趙文豪

美力台灣十四年來，秉持著「從心所至，緣善而往」的信念。這個信念，從一顆種子茁壯、成林，是期待，也是信任。而那些信任也正是建立在傻瓜導演的戰戰兢兢，給人的希望與夢想，成為一道照亮黑夜的光，繁星點點正是回饋與共好的信念。

「台灣超人」為何能夠超越自己？在他們這麼不容易的生命旅途裡，面臨到困境時，能不感到寂寞與懼怕，是因為擁有信念的力量。回歸到美「力」的力，那不是海克力士的洪荒之力，而是用感動觸動靈魂，用生命影響生命的力量，佛若在黑夜裡，提燈照亮人間路。我們在那個正面信念的雷達中，找到彼此，挖掘更多的故事。

那種喜悅，是貨真價實的幸福。

從退伍前的緣分一直到現在，持續在《美力台灣》與《台灣超人》的路上，見證一個接著一個故事，自己也跟著參與，甚至在旁用文字記錄，經歷了不少次心靈的沐浴與交流。不僅從超人們的身上，甚至身邊一同經歷當下的人們，我也與他們一同超越了昨天的自己。帶著更多的孩子走出來的過程，看見他們願意分享，突破困難，相信自己，也令我感到十分欣慰。

「最大的祝福，是給予。」是我所收穫的總結。給予更多人祝福、幸福，是我一輩子的志業。志，意即「一士之心，心之所向」，做好眼前事，便是我對於自己的期許。

轉頭一望，導演的頭髮與鬍子又多白了幾叢。結霜，是智慧的積累，讓喜悅的感染力散播出去。有愛，讓世界愈走愈寬廣，也啟發更多孩子對於未來的憧憬與想像。

（本文作者為美力台灣3D協會理事長。）

前言

我想這應該就是，這一輩子的志業

曲全立

二〇〇二年，在一次診斷中，醫師告訴三十五歲的我：「你的腦袋有顆拳頭大的腫瘤，包住了你腦部的六條神經。」這些話聽來，就像命運在對我開玩笑。那時的我拍攝了無數的廣告與音樂錄影帶，事業蒸蒸日上，還有許多準備要進行的計畫；而我的三個女兒也都還小，令我十分掛心。

求醫過程中，我一度感受到自己生命的燭火，就要燃燒到了盡頭。關於我的病情，醫師是這麼告訴我的：「不開刀，可能剩下六個月；開刀的話，生存機率有一半，但有機會因此半身不遂。」所幸老天給了我奇蹟，讓我在手術結束四十八小時後醒來了。而我的人生也從此開始天旋地轉，看什麼都變得暈眩而模糊；後腦勺上那條長長的疤，彷佛是提醒自己「曾經死過一次」的證據。

時至二〇一三年，在我拿到世界3D大獎後，許多朋友紛紛跑來問我，為什麼這麼多商業邀約我都不去，甚至有不少朋友勸誡我「移動的夢想不能當飯吃」，笑我痴傻。後來解釋得多了，我索性找到一個自嘲的方式，那便是轉過頭，指著自己後腦勺上的疤，告訴他們：「就是頭殼壞去。」

得獎之後，我時常詢問自己：「然後呢？拿了獎又如何？我們影像人的價值是什麼？」這些不斷在腦中激起的漣漪，讓我毅然決定賣房製作《美力台灣》、拍攝《台灣超人》，讓我找回了進入這個行業的初心。

我們一步步地將3D行動電影車開進偏鄉，巡迴播映《美力台灣》與《台灣超人》的影片給十二歲以下的學童觀賞。期許用影像開啟孩子們的視野，讓下一代看見百工與超人們的堅持與付出；希望在他們的心中播下善與愛的種子，讓這些在許多媒體裡不容易見到的故事，為下一代帶來真實的改變。

改變自己，面對環境

在製作《台灣超人》紀錄片的過程中，我要特別感謝美力台灣的首席顧問趙翠慧女士（我稱她為小慧姐）。我與小慧姐都曾有過瀕死的經驗，從鬼門關前撿回一命的共同經歷，讓我們變得更加珍惜生活的每個當下。她用真心去關懷，以換位思考的方式同理他人，這份善念與熱忱溫暖著她身邊的人們。

曲導與孩子們一同觀看美力台灣行動電影車。

在開拍《台灣超人》不久後，我讓小慧姐看了林啟通老師與大器樂團的影片。小慧姐看完了影片後，當下立刻邀請了泓德能源的董事長謝源一與總經理周仕昌，兩位投身在綠能產業年輕的企業家一同觀看影片。受到感動的兩人便提議與美力台灣結為公益夥伴，與我們一起同行，對於才獲得第一桶金的他們，這實屬難得。

美力台灣與泓德能源的合作，發揮了彼此的專業，在３Ｄ電影車上安裝行動太陽能板，並且製作了綠能小教室，在校園內引起師生廣大迴響。讓許多孩子聯想到自己校園內太陽能板的用途，也啟發他們的創造力，對於綠能如何產生電的過程充滿好奇。正因為我們是用影像來說好故事，才能創造共同學習、共同參與的經驗。

而針對環境變遷的主題，我們更延伸出「改變自己，面對環境」這個演講題目。這個題目的由來，則來自一位重度脊髓肌肉萎縮症男孩——端育。

「改變自己，面對環境」這八個字，是二〇二〇年美力台灣十周年記者會的標語，這個標題的字型樣式，是由端育所設計的。端育因為疾病沒辦法自由地活動四肢，但透過眼動軟體「以眼代手」，他能操作ＡＩ、PhotoShop等軟體

小慧姐（左 2）、泓德能源謝源一董事長（左 1）、周仕昌總經理（右 1），與孩子們合影。

進行圖像的製作。

與端育的緣分，來自一場小慧姐邀請我旁聽的會議。在我得知端育的狀況後，隨即邀請他為記者會設計標題的樣式。在團隊一起來到端育家，見到端育本人後，我發現他除了沒辦法自由活動，甚至連張嘴的幅度都受到疾病的影響，只能發出非常小的聲音。

看著他躺在床上，利用眼球代替滑鼠游標來移動，吃力地移動手指與腳趾按滑鼠，我對他說了聲加油，他也回我一個靦腆的微笑，讓我再次感受到端育對於生命的勇敢與堅持。更讓我驚訝的是來自端育的鼓勵，他努力地轉動脖子，看著我的雙眼，用盡全力地告訴我：「希望你可以繼續向目標前進，希望3D電影車繼續讓全國更多的孩子，都能因此看見台灣的美好。」

這份突如其來的鼓勵，猝不及防地溼潤了我的雙眼。看見端育以不方便的身體工作，我問他是否曾想過放棄。端育再次帶著淺淺的微笑，告訴我他最大的願望就是能夠「自己喝水、自己走路」。

「因為生這個病，被迫放棄的事情已經太多了，看許多同學、朋友能做到的，我大多都沒辦法。」接著他嚥了一下口水，用盡氣力小聲地說：「只要我

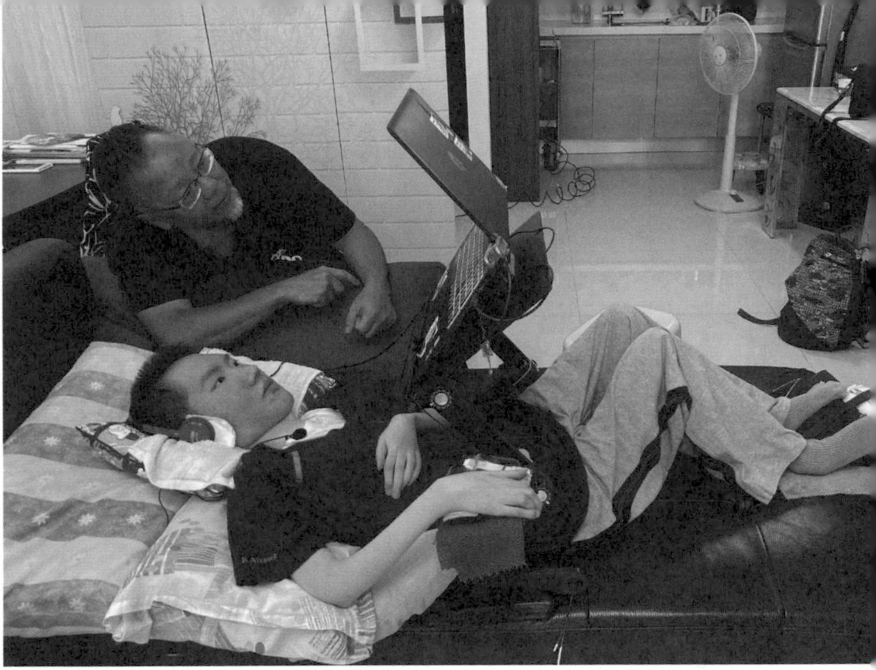

端育的故事，成了《台灣超人》企畫的開端。

還能做的，我就不會想放棄。」

當傻瓜導演遇上台灣超人

端育的故事在電影車巡迴的過程中，引發了許多迴響。原本，我只是希望能透過他的故事去改變更多孩子，沒想到隨著電影車持續在各校巡演，收穫了許多反應、回饋與故事後，被改變的是我們自己；而「改變自己，面對環境」則成為《台灣超人》企畫的開端。

繼端育之後，我訂下拍攝一百位「台灣超人」的目標。這些超人們的背景非常多元，有發明家、畫家、到宅醫師、神父、運動員、教練、音樂家等。影片中我們沒有特別去設定相關的旁白、主持人，只是單純地記錄超人們現身說法時最真誠專注的模樣。

起初，拍攝《台灣超人》的過程不是那麼地順利。二〇二一年，當我們決定正式啟動企畫時，我的母親過世了，她一直都是我生命中最重要的人。

接著，我們又遇上新冠疫情三級警戒，聽到要在疫情期間拍攝，許多已經約好的超人們紛紛婉拒。但我們始終沒有放棄，堅持到現在，拍攝了八十多位台灣超人。

拍攝台灣超人，是一種價值，是一種能量。在許多媒體朋友的眼中，我是一個「大傻瓜」。「傻瓜」在我的定義裡，指的是「不懂得計算與算計的人」。憑著三十六年前「希望能單純地呈現事物的真實面貌」的初衷，儘管腦瘤手術使我的左耳與左眼變得不便，老天仍讓我使用我的右眼去看，用攝影機去閱讀每一位台灣超人的故事。

在跑過四十多個國家以後，我更發現了台灣的美。我曾不斷往遠處去看，去尋找台灣可能看不到的風景。但其實最美的風景，反而就在我們腳踏著的這塊土地上。我想，只要用認同的心去看，就會更懂得珍惜。

透過3D行動電影車，我們讓《美力台灣》與《台灣超人》的影片，在全台灣的學校巡迴播映。美力台灣巡演計畫的核心，就是用影像啟發孩子們的視野與夢想。我們在一路上，受到許多學生與老師們的認同與喜愛，得到了許多反饋。即便過程辛苦，只要聽見成群的笑聲，就會讓我們的汗水與淚水流得非常值得。

自從《台灣超人》的影片在校園開始播放，我觀察到每個孩子，甚至是老師都會非常專注地觀看。而且奇妙的是，許多學校的老師、校長與主任，都會忍不住過來與我們分享：「這些孩子很少這麼專注，完全不吵鬧的。」幾乎每一場播映會，我也都會發現有老師在拭淚，甚至在我們要離開時，忍不住向我們傾訴與擁抱。我開始明白，這些感動人心的故事，是每一個人都需要的能量。

當我發現《台灣超人》對人們有一定的影響力之後，我開始試著把台灣超人故事變成AR數位親子繪本方便父母與孩子一起共讀；也把繪本變成動畫與有聲書，希望讓更多的人透過多元閱讀，感受台灣超人帶給大家的正能量。

這兩年，我收到許多演講的邀約，聽眾包含企業、扶輪社、讀書會，以及大學院校等，分享的足跡遍及全國，甚至海外。然而，在每一次的演講後，這些聽眾告訴我，這些感動觸動了他們的靈魂，甚至在活動後，很多朋友說，希望讓我給他們來一個有能量的抱抱。有人說，這就是辛苦後的「福抱（報）」一吧！

我說，我不辛苦，我很幸福！

我想藉這本《傻瓜與超人》，記錄下拍攝過程中所獲得的感動，同時分享給每一位讀者。我邀請美力台灣協會理事長趙文豪，一同協力完成這本書；同時也特別邀請到其中一位超人——書藝家王志揚老師，以題字呈現每位超人的智慧與精神之美，並於書末附錄，說明他對每位台灣超人的詮釋，也謝謝王老師特地為本書書名題字。

書中收錄的三十位超人故事，是根據時下議題，以主題為出發點，特別挑選而出的。因為書籍篇幅有限、族繁不及備載，目前超人團隊持續在記錄中，也期待未來有機會用文字分享更多精彩的故事。另外，書中也收錄了一些具有AR效果的相片（見圖說處註記）。讀者們可以掃描本文中末處QR碼、下載

「美力台灣AR」APP，再使用程式掃描有附註之照片，照片裡的圖像便會在手機中動起來。

常常有人問我，除了電影車之外，還能在哪裡看到《美力台灣》與《台灣超人》的故事。事實上，我們在新北市金山區也成立了「美力台灣金山影像館」。在這裡除了能欣賞超人們的故事與《美力台灣》3D電影，更能享受到自然環境帶給各位的美好喜悅。在此誠摯邀請各位讀者蒞臨。

特別感謝每位一路陪伴我們的愛心天使，讓這份愛分享到台灣每一個角落。也謝謝每位台灣超人將您們自己的故事，無私奉獻給所有人。

謝謝每一位讀者，美力台灣團隊將帶著這份能量，持續前行。

▲掃描下載「美力台灣 AR」APP

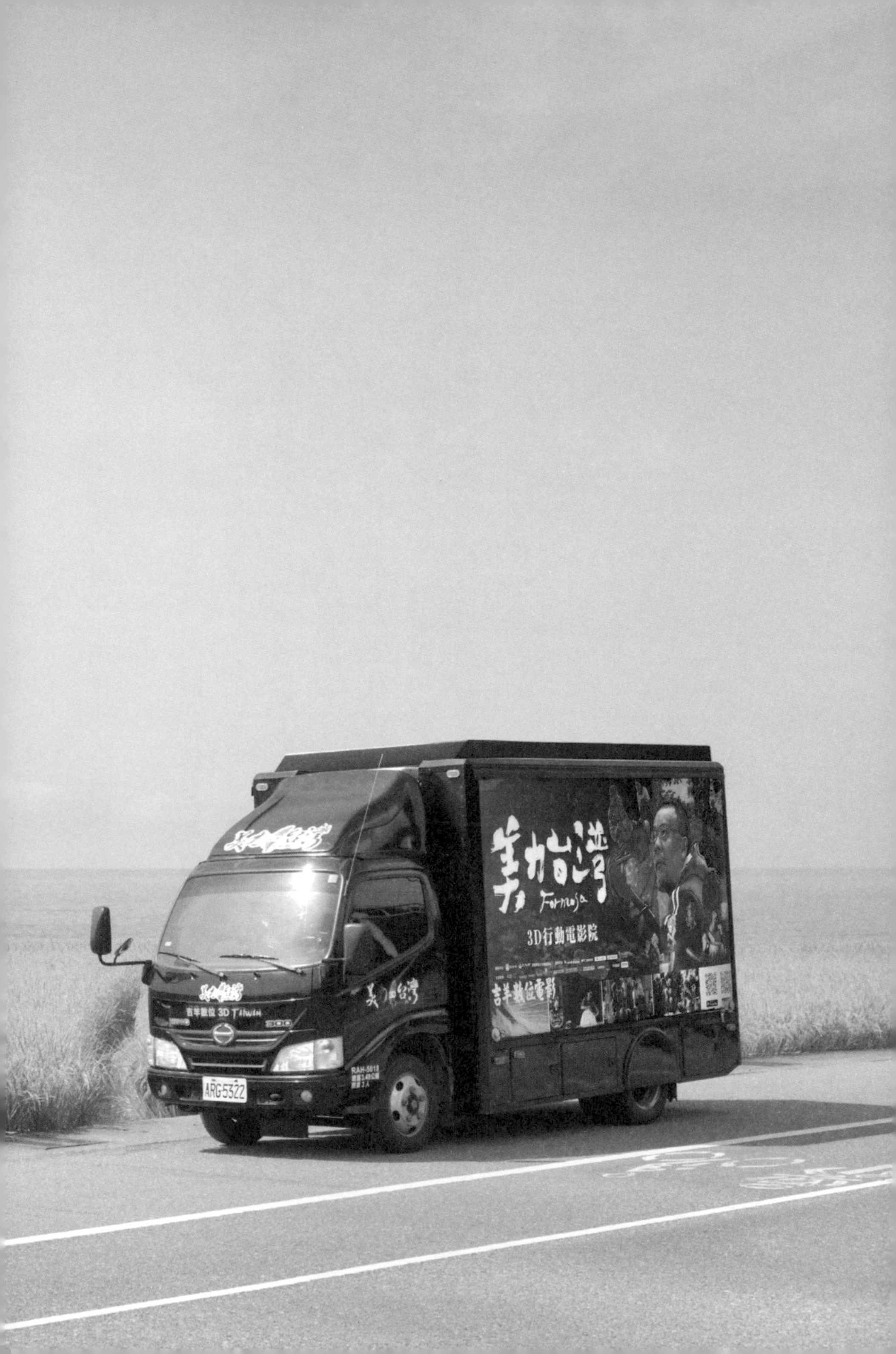
美力台灣
Formosa
3D行動電影院
吉羊數位電影

Part 1

遇到困難，如何面對與克服？

應對困難的方式有很多種，
但人們經常選擇待在陰影籠罩的角落，
這時唯有面對陽光，
才有辦法處理困境、找到克服的方法。

困難，經常是我們自己所想像出來的。

每次演講問答分享，最常被問到的便是——「導演，你認爲最困難的是什麼事？」

我總回答他們「沒有」。

這裡的「沒有」，絕非沒有遇到困難，而是我選擇面對、想辦法解決這些問題。應對困難的方式有很多種，但人們經常選擇待在陰影籠罩的角落，這時唯有面對陽光，才有辦法處理困境、找到克服的方法。

實際上，一開始我們拍攝《台灣超人》時，並不是那麼地順利，才開拍沒多久，就遇到了疫情三級警戒，過程中也遇到暴雨導致淹水，以及許多道不盡的困難。

在記錄超人們的過程，我從他們的開朗、生命力，以及成長歷程的分享中，得到了超乎想像的收穫。每一次的拍攝，對我們來說都是一次學習，同時也非常珍惜這個機會，可以透過影片去傳遞，一路以來所獲得的感動。

我經常在認眞聽超人們說故事時，守不住強忍的淚水，受訪的超人們看我哭了，往往也跟著在訪談中潰堤。這些淚水，像是一次次的心靈沐浴，讓彼此重新整理心情，回顧過往的自己是如何突破困境的。這段過程也呼應了《台灣超人》企畫的核心精神，也就是超人們「超越自己」的力量。

在接觸了台灣超人之後，孩子們便有機會在遇到了挫折與困難時多思考：「當我遇到了問題、困難與挫折，我依然要選擇放棄嗎？」「或者，我應該有辦法面對、解決它？」他們將能想起身邊有很多同樣面對困境的人，也更可能因爲受到激勵，期許自己成爲誠實、美好的人，爲此盡一份心力，成爲超越自己的一分子。

01 身障發明大王的人生哲學——劉大潭

曲導：「我相信所有生病的人，絕對不會喜歡讓大家談論他的病態。劉老師卻能夠讓我們看到他陽光的一面。我相信劉老師就是我們今天最棒的一位範例，想讓劉老師與我們分享您的人生故事，您小時候是因爲什麼原因造成現在的體態？」

劉大潭：「我大概是在三歲施打小兒痲痺的疫苗，因爲疫苗出了問題，所以下半身都不能動，小時候都是趴在地上走路。因爲在鄉下，很多歐吉桑、歐巴桑，看到這樣都直接説這個孩子好可憐，以後要當乞丐，以後會變廢人。」

曲導：「那當時您聽了有什麼樣的感受？」

劉大潭：「本來覺得很傷心，我的人生也遇到非常多的困難。但是後來我

把這股力量化成努力的動力，我的想法就是我要改變，有一天我回來故鄉，你會尊重我。」

曲導：「你覺得如何讓改變成爲一種力量？」

劉大潭：「要先設定自己的人生目標。有了目標以後，對人生就會有自信。有了自信，以後別人怎麼說，就不會去計較。」

劉大潭老師給自己畫了三個圖案，希望有天能做到讓其他人尊重自己。
（掃描此照片產生 AR）

大碗公裝的是滿滿的米飯，代表的是謀生能力；還有一個嬰兒，是他要結婚生孩子。

在白紙上畫完這三個圖案之後，他知道夢想如果沒有設定目標，終將是遙不可及的距離，於是他寫了「30」——在三十歲以前，要把這三個願望通通完成。

「我覺得要自己先設定自己的人生目標，
有了目標就有自信；
有自信之後，別人說什麼就不會去計較。」

在設定了目標與達成時間之後，他將這張紙貼在自己的房門後面。當自己每天進入房間，都能夠看得到這些目標。他會催促自己不斷去迎接目標，在下定決心那天之後，這些壓力就成為他前進的動力。後來，他在二十七歲就完成了這些目標。

在淬鍊中激發更卓越的成就

感受到我讚嘆的眼神，劉老師接著說，現在看到的他，是用雙手、頭腦代替雙腳，摸索出一條道路的，過程一點也不順利。訪談的過程中，我看到他不時用手指抓起腳掌，試著讓自己更舒適一些。

「我知道自己有手還有大腦——沒有讀書的話，我一定沒有智慧，所以我一定要想辦法讀書。」

劉老師說他的人生有三大困難，其中最大的困難便是去上學。他母親擔憂他去上學會遇到更多的狀況，所以每次收到入學通知單都拿去大灶燒掉。但他心想，身體已經這麼不方便了，至少還有手跟大腦，如果沒去讀書的話，未來就沒辦法擁有智慧了。所以便與媽媽約定好，一路用半工半讀的方式，去證明自己做得到。但到了學校，尤其小學的時候，人家不知道為什麼他總是用爬的，就會被霸凌。所以他就想到了一個方法——把書念好、當小老師。這樣的做法也受到國小校長的鼓勵，劉老師邀請不會寫數學習題的同學到他家裡，在利用晚上去「教」其他同學的過程中，也「交」了不少好朋友。往後在劉老師受到欺負的時候，這些朋友都會來保護他。

然而，即便他拿到全校第一名，卻依然在求職時被兩百多家公司拒於門外。畢業之後，遇到的問題從校園轉到了職場。這是劉老師所謂人生的第二大困難。原本心想，萬事起頭難，前面的問題都克服了，沒想到即便畢業的成績再好，他一路找了兩百多家的工廠，連到辦公室面談的機會都沒有。甚至有次到大門口，守衛伯伯就把他擋在門口，說是用爬的，不具有面試的資格。當然，這個過程讓他非常受傷，但堅持、不放棄的精神，讓他在好不容易受到試用後，不計酬勞、自願加班去開發更多方案與產品，最後一路升職到全公司薪水最高的職位。他的經歷，影響他後來發明的心態，使他希望去關懷、幫助他人，並以「生活」作為創造的出發點。

「遇到困難的時候，一定要想辦法解決。辦法不能解決怎麼辦？用工具。工具配合我們的方法，就可以解決非常多的困難。」

三十多年前，劉大潭曾要到瑞士參加世界發明大賽。他的母親拒絕他出國，理由是擔心他用爬的，會跟不上其他人。母親設定了一個條件，就是要他能夠跑過自己。聽聞母親的話，他立刻提議要用自己發明的滑板車與母親比賽，最後仍慘敗而歸。

劉大潭不放棄，他立刻到回收場，花了兩百塊找了一些零件，一天畫圖、一天組裝，組裝成現在現在讓他代步的「戰車」。這部手搖的戰車，設計成六十三段變速，不僅後來順利獲得母親的認可讓他出國，甚至還拿到了世界設計大獎歸國。這部戰車，陪著他三十多年，一路到了三十幾個國家了。

工作穩定之後，劉老師設定在六年內，認真工作的同時也努力地交友，處理好人際關係。在遇見交往對象後，對方家人看到他的模樣，質疑他是否有能

劉老師專注地在工廠內製造自己設計的作品。

力能組建穩定的家庭？於是他帶著自己的薪水袋，展示較一般人多出三到四倍的薪資，以及他在做的工作給對方父母看，直到他們安心，最後才把女兒嫁給他。

劉大潭現在的生活看來是家庭美滿，也已自行開公司創業，學士帽也戴上了。曾經因為無法選擇的命運，被嘲笑霸凌、取過許多奇怪的外號，但他把那些都當作是一種對自己的激勵。他告訴我，要能夠把它轉換成力量，前提就是要先設定自己的人生目標，當我們逐漸完成心中的藍圖時，就會變得有自信。有了自信之後，這些話自然不會去影響自己。

「我的發明，就是用『關懷心』做出發點。」

在劉大潭老師的工廠裡有許多自己設計製造的作品。發明不僅是他的興趣，也是他的職業。這份工作有著不少的工作量，有時一天甚至要工作到十六個小時，因為劉老師的脊椎是S型，坐著撐不住便趴著，趴著受不了以後又撐著，過程中每半個小時就得改變一次姿勢。一位高頭大馬的攝影師在旁邊拍攝他，忍不住也眼眶泛紅地告訴我，他看到這些故事以後，以後他遇到什麼事情，都不會輕易抱怨了。

在走進劉老師的工廠後，牆壁上有兩個字：關懷。他把關懷放在心上，用設計發明去幫助他人。發明緩降機的起因，是因為看到新聞裡幾個大學生不幸在大樓裡葬身火窟，他想要去幫助人而發明了緩降機。他每天會看大概一小時的新聞，關心有什麼事情是自己能夠幫助他人的。他告訴我們，遇到問題，要懂得找方法；方法，來自於自己與身邊他人給予的經驗。當方法不能解決，就用工具。方法加工具，設定目標，便可以勇敢追求夢想。

02 帶領唐寶寶吹出生命樂章——林啟通

曲導：「因爲唐寶寶的缺陷，在學習樂器的時候，會非常不容易。這個過程裡，你們是如何熬過來的？」

林啓通：「因爲我們的陶笛都是用正常的尺寸去做的，可是唐寶寶有雙非常小的手。我記得當初他們剛開始學的時候，我眞的嚇到了，看到他們有這麼小的手，加上弱視、肌肉鬆弛等身體狀況，學習起來確實相當困難。我們學一個音階，有的孩子光要練好它，至一二二的節拍速度，可能就要花二至三年，何況是其他有變化的歌曲，那就更不容易了。」

曲導：「想請教林老師，您是如何開拓與翻轉唐寶寶們的視野的。」

林啓通：「我會爲他們拍手。拍手就是鼓勵，要帶他們出去表演。上課的

時候，我會問孩子們要不要上台；孩子們在獲得掌聲的時候，就會得到自我的肯定。」

曲導：「您覺得學習音樂能爲唐寶寶帶來什麼幫助？」

林啓通：「學習音樂能慢慢地帶他們去找到自信，展現好的技能給別人欣賞。」

凡欲成大器者，必先千錘百煉

林啟通老師是大器樂團的創辦人兼團長。「大器樂團」是全世界第一個由唐氏症孩子組成的樂團，林老師不只讓團裡的每一位唐寶寶，藉由學習音樂找到自信與快樂，更透過細心地陪伴與引導，慢慢培養孩子們吹奏樂器的能力。第一次拜訪林老師時，看著他手把手、耐心地教導唐寶寶們練習陶笛，那充滿愛與溫暖的畫面，讓我留下了深刻的印象。

根據統計，唐氏症的盛行率在台灣大約是八百分之一，若依照台灣近年的出生人口數換算，平均每年都會有兩、三百位唐寶寶誕生。能夠接受、轉念，面對孩子的疾病，對於育有罕見疾病子女的父母而言，是相當不容易的事；而當家長願意帶孩子一起走出去，整個家庭的氛圍就會產生改變。從最開始得知孩子罹病的不知所措、慢慢克服生活中的大小困難，到最後看見孩子們站在台上、為他們感到驕傲，這些心路點滴，對於一路陪伴著唐寶寶長大的家長們，都是難能可貴的經歷。

林老師用音樂作為途徑，提供了唐寶寶們分享感動與歡樂的舞台。

「他們一出生就沒有辦法選擇，
要承受那麼多的困難跟歧視。
如果他們可以，
我們遇到什麼困難應該都可以克服。」

我曾詢問過林老師，為什麼這個樂團要以「大器」命名？林老師告訴我，這是來自於《大器華嚴篇》的一段話：「凡欲成大器者，必先千錘百煉，而後精雕細琢，再是才氣橫出，終至獨一無二，始成之。」

唐寶寶們在學習樂器的過程中，會需要花上比一般人更多的力氣與時間。因為身體的限制，他們在練習時，手指無法按滿樂器的孔洞，吹出的氣不夠充足，還有弱視、肌肉鬆弛等問題，都造成了他們學習上的困難。舉例來說，唐寶寶光是把音階學會，就要花上兩年的時間，更別說其他充滿變化的歌曲。因此，當孩子們順利地演奏出這些歌曲，這代表了他們的苦練與付出，更代表著老師與家長的耐心支持。

為了能夠帶好孩子們，林啟通去自學樂器與樂理。（掃描此照片產生 AR）

林老師回憶，剛開始讓唐寶寶們學習這些歌曲時，原本想讓正統的音樂老師來指導他們，但他發現，在這過程中，孩子們更需要的是陪伴與鼓勵。

林啟通老師自謙不是音樂家，也不是特教老師，他只是一位退休的商人。為了能夠帶好這些孩子，他去自學樂器，學樂理、練鋼琴、學薩克斯風；在剛開始指導唐寶寶的過程中，也曾因為教不會他們而感到氣餒。

後來，他決定用關懷的心，多去了解他們所遭遇的困難。因為每個孩子的狀況都不同，尤其唐寶寶經常無法清楚表達，林老師就慢慢調適自己，漸漸地找到溝通的模式。

林老師也決定，讓家長們陪著唐寶寶們一起上課，這不僅可以協助溝通，更能夠讓家長一同學習，回到家後透過音樂去陪伴孩子，在唐寶寶們練習有誤的時候，也可以適時提醒他們進行更正。

林老師用音樂作為途徑，提供了唐寶寶們分享感動與歡樂的舞台。在表演的時候，讓他們累積自信，即便遇到新的困難，他們也能從過去成功的經驗，知道問題是可以透過不斷地練習去克服、解決的。帶著勇敢與自信，唐寶寶們用他們的生命歷程告訴我們，如果他們可以，我們遇到什麼困難應該也都可以順利克服。

「有時候我一直在想，他們吹出來的音樂這麼動人，到底是他們鼓舞了我，還是我鼓舞了他們。」

曾經，林老師也一度因為氣餒，想要放棄教學，但唐寶寶們的純真善良與主動關心感動了他，讓他重新燃起繼續堅持的動力。

當他人稱讚林老師鼓舞了這群學生，林老師則認為是唐寶寶們的音樂與努力鼓舞了自己。

「換位思考」就是溝通的訣竅

第二次拍攝時，我發現每個孩子都會給林老師一個大大的擁抱，並在擁抱

每個孩子都會給林老師一個大大的擁抱，並在擁抱之後，貼在他耳邊，悄悄地對他說一句話。

之後，貼在他耳邊，悄悄地對他說一句話。這溫馨的一幕，也讓我感受到了孩子們與家長對於林老師的信任。

林老師與孩子們的互動，讓我自然地理解到，當我們遇到身心障礙的朋友、孩子們，或許只要站在他們的立場，多多換位思考，就能掌握到更多與他們相處的訣竅。

在《台灣超人》影片拍攝完畢之後，我們多次邀請大器樂團，參與美力台灣的大型記者會，也邀請樂團的孩子們、林老師與家長們，到美力台灣金山影像館走走。

孩子們自然地在庭院裡吹起陶笛，欣賞風景，每個人都十分享受在影像館度過的這個午後。在此也誠摯邀請各位讀者，蒞臨金山影像館，在這不僅能夠看到完整版的《台灣超人》影片，更能夠搭配老茶、火爐、風鈴，一同享受自然風景。享受，就是分享感受。歡迎來到影像館，與我們一同欣賞超人們的故事，傾聽大自然的樂音。

03 台灣首位身障三鐵參賽者——阮錦源

曲導：「早上看您在跑步的時候感覺非常自在。想請您與我們分享，第一次穿著義肢跑步，與您現在跑步時的心情差異。」

阮錦源：「當時我的骨盆被撞裂掉，其實我也不敢說可以走路了，結果因爲三鐵讓我硬騎出來了，在疼痛下，我也慢慢習慣地訓練出了能力。例如我以前剛開始進入身障游泳，在游泳復健時是沒有教練的，一路走來，看到我們身障人士經常沒有教練能夠提供訓練，我便決定在學會游泳以後，義務地指導需要幫助的身障朋友們，並再參加更多的運動，來激勵普通人。」

曲導：「想請教您是否有能夠讓自己變得更堅強的座右銘？您認爲什麼是『堅持』？」

阮錦源：「堅持就是有恆心、毅力、耐力，要永不妥協，不要輕言放棄。我會盡我所能，在有生之年盡量去做，那些我可以爲社會帶來幫助的事。」

透過自身經歷，影響更多處境相同的人

阮錦源是全國首位完成鐵人三項的身障選手，更代表台灣參加殘障奧運比賽。他在一九九二年入選奧運代表隊，曾經在三鐵殘障奧運射擊比賽中達標。二十九歲時，一場意外車禍，奪走了阮教練的左小腿。車禍隔天，他睜開眼睛後陷入了一陣沉默，花了五分鐘便選擇了面對。

因為無法改變既成的事實，他只能選擇以樂觀或悲觀的態度面對人生。這個決定是不容易的，更辛苦的是，因為坐骨受到傷害，好動的他只能躺在病床上六十幾天。

阮教練讓我印象深刻的地方，就是他永不放棄的精神。他告訴我，少了一條腿，讓他更勇於去救難助人，擔任教練去幫助更多的學生，這也意外地開啟了他投入學習游泳的另一種人生。

阮教練在經歷車禍、發現自己失去小腿之後，花了五分鐘便選擇了面對。

「許多人很訝異在我知道自己截肢以後，
只花五分鐘就想開了。
因為我想，
與其要躲在陰影下痛苦過一輩子，
不如選擇樂觀來面對。」

教練說身旁的人告訴他，幾乎沒有人看過他表現出沮喪的那一刻，這令我感到十分佩服。

若是遇到了這樣的狀況，怎麼可能不會感到低潮？又怎麼可能遇到這樣的狀況還能保持得樂觀？他是克服了多少的困難，才可以像現在這樣，能跑步、騎腳踏車、游泳，甚至還鼓勵更多人去一起去運動的？

過程中，阮教練為了參與鐵人三項比賽，因為穿戴義肢，包含跑步、自行車的競賽項目，都會讓他磨破皮、流血。

在磨合的過程中，他不斷地受傷、復原了無數次，也因此鍛鍊起他強大的

阮教練因為穿戴義肢參與跑步、自行車的競賽項目，不斷地破皮、流血。磨合過程，讓他鍛鍊起了強大的內心力量。（掃描此照片產生 AR）

內心力量。即使教練或許也曾在心裡感受到挫折，但他以承擔的方式展現給世人看，並且化為一股回饋給社會的力量，去啟發其他還沒辦法面對身體殘疾的人。

「剛開始我會故意讓人家看不出來我有身體上的缺陷，
不過到後來，
當我的實力展現出來了，
就開始穿短褲，
故意把義肢顯現出來，
讓其他殘障人士們也勇於走出來。」

面對自身殘疾，教練選擇了面對，並透過自己的影響力，告訴其他遭遇相同狀況的人們，如何自我調適並專注在其中。阮教練愈是艱難、愈是努力的精神，影響了許多人，也讓我們意會到，面對困難我們也可以愈挫愈勇，甚至透過自己的方式，去幫助更多有所需要的人們。

04 病痛，是化了妝的禮物——楊玉欣

曲導：「請您與我們分享，您是如何度過了這一段期間，並讓自己變得更有力量的。」

楊玉欣：「第一件要做的事就是幫助自己，不要一直耽溺在不舒適的感覺裡，最重要的就是要去想自己還有的東西。例如我不能走路了，但我的頭腦還是清楚的，就要想到自己眞的很幸運，竟然還可以講話。」

曲導：「每次在影像上看到您的時候，印象最深刻的就是您的笑容。想請問您是如何在這樣的身體狀況下，繼續保持微笑的？」

楊玉欣：「這必須是『成於中、形於外』的。內心眞的這樣地平靜，或者你內心眞的有這樣的喜悅，你才可能笑得出來。不斷面對失落、失能、面臨到

癱瘓的過程，老是想著這麼巨大的痛苦，是沒有辦法解決問題的。我相信這是一個化了妝的禮物，因爲我深深地在痛苦當中，還能夠感受到別人可能有更巨大的痛苦，所以再回過頭來看，我就有辦法去思考自己還擁有什麼，以及能夠如何去幫助別人。」

視「為病人發聲」為己任

楊玉欣女士是台灣超人首顧問小慧姐介紹我認識的超人，之前曾經在報導上聽聞許多關於她的故事，我知道她患有罕見疾病，擔任立委、主播，臉上總是掛著甜美的笑容，卻必須面對一個逐漸失能的身體。

在我們首次見面時，玉欣在遠處看到我便露出了微笑，自己操作著電動輪椅快速地接近。

玉欣是個非常忙碌的人，不斷安排自己的時間去關懷他人，致力維護病人的權利，並推動《病人自主權利法》。

我們很快在咖啡廳找到位置並展開訪談。我留意到在訪談期間，她近一個小時，不曾動過眼前的水杯。於是玉欣便主動告訴我，因為很多動作都不能自理，必須透由他人協助，像是上廁所、吃飯，她必須要計算喝水的多寡與時間，避免造成他人的麻煩與困擾。

接著她告訴我，自己的疾病叫做「三好氏遠端肌肉無力症」（Distal muscular dystrophy），雖然失能，但身體的痛麻還是存在著。玉欣告訴我，面對這些令人不開心的事，我們可以覺得生氣，也可以放棄自己。但她選擇告訴自己，這些病苦都是化了妝的禮物。因為自己的頭腦還是清楚的，她就有責任替病人講講話。

另外一位患有肌肉萎縮症（muscular dystrophy）的陳燕麟醫師，在拍攝的時候也與我們分享，如果罕見疾病有七、八千種，能夠到醫院就診的大概只有兩、三千種。

陳醫師說：「患有罕見疾病的朋友，更希望我們能用平常心去看待這些問題，就像看待失戀或近視等狀況那樣。如果你想關心他們，不妨詢問，『我們能夠幫忙你什麼？』相信他們會提供你答案的。」我看見陳燕麟醫師、楊玉欣女士，他們勇敢地走了出來，並沒有就此放棄希望。

玉欣致力為患者權益發聲，並積極推動《病人自主權利法》。

「我在十九歲時出現了明顯的發病症狀，全身上下的肌肉組織都產生了病變，包含萎縮、纖維化、無力症。十九歲是高峰，從此之後身體漸漸衰退而失能。」

致力為患者權益發聲，楊玉欣現在身兼病人自主研究中心的執行長，與基隆市社會處處長的職務。

病人自主研究中心的主要服務，就是推動病人自主權益相關法規，以及病人醫療自主權相關的政策研究，並針對醫護專業夥伴的教育訓練，讓弱勢族群的處境能夠獲得更大的保護；更重要的是，為社會大眾溝通醫療的自主權及善終的保障，以依據法律制度進行規畫。

在最美好的年華，確診罕見疾病

當玉欣十九歲時，正值令人稱羨的青春年華。她從醫師口中得知確診「三好氏遠端肌肉無力症」之後，醫師告訴她不必再回診了。讓她印象最深刻的不是當時的自己有多麼震驚，而是姐姐與父母嚎啕大哭的聲音。她說，當時的自己太年輕，聽不太懂那個意思，但家人絕望的哭泣聲，匯集成了在腦海裡揮之不去的畫面。

玉欣回過神，開始思考自己未來要如何照顧父母，會不會麻煩到身邊的人。她無法想像自己未來的人生要面對癱瘓，甚至連簡單的動作都必須要依靠別人。

「三好氏遠端肌肉無力症」的症狀，簡要來說，就是全身上下的肌肉組織都產生病變，導致萎縮纖維化跟無力症的綜合症狀。最嚴重的就是會變得沒有力氣，漸漸地衰弱，直到連吃喝拉撒睡都需要透過別人的幫忙，才能夠過好每天的日子。

到目前為止，沒有任何藥物或醫療的手段可以控制這個疾病惡化的情形。

玉欣告訴我，雖然疾病不斷惡化，幸好她還有一些時間，可以去做一些有意義的事情。（掃描此照片產生 AR）

感到難過與絕望是一定的，然而玉欣認為自己沒有時間悲觀，她想到生命即使有苦難，仍是能夠活出價值和意義的。於是她努力地思考兩個問題：一、自己想要活出一個怎麼樣的人生，接著應該要怎麼繼續生活？二、面對即將癱瘓的命運，還沒癱瘓的自己應該做些什麼？因此，這兩個生命中的課題，一路一直伴隨著玉欣走到現在。

「當我開始體會到病人說不出的痛苦，我就有責任為沒有辦法講話的人發聲，替不能行動的人做一些事情。」

玉欣告訴我，她是一位罕見疾病患者，也是《病人自主權利法》的推動者，以及社會服務工作者。她還告訴我，自己還是能夠看到來自這個疾病的好處，因為疾病惡化的速度很慢，還有一些時間可以去做一些有意義的事情。

看見自己還有的，就會覺得自己其實還是很幸福的。這必須發揮一些想像力，去思考自己接下來要成為一個什麼樣的人、要怎麼過活。

如果你的人生只剩下十年，就應該思考，這十年內你想活成一個什麼樣的人。只要去思考這件事情，你就可以把自己未來的地圖好好地描繪出來，用這十年認真精彩地活著。

在與疾病共存的過程中，玉欣發現，要能好好地活著，沒有比微笑更好的方法。唯有認真地生活，能讓自己帶著微笑死去，因為在每一刻都盡力了。

她告訴我，如果大家站在她的立場思考，今天必須要有別人來幫你脫褲子、擦屁股、上廁所，誰的心裡會覺得舒坦？那不是只幫你做一天、兩天，也不只是一年、兩年、五年、十年、二十年，從今天起每天都會有人來幫你脫褲子擦屁股，做這種最基本、一般人輕鬆就能辦到的日常生活小事。一天要上多少次廁所、熱了要脫衣服，還有伸手去夾菜、倒水喝水等，這些事情每天你都要請求別人的幫忙。

不因外在的磨練灰心喪志

然而，只要帶著感恩的心，就會發現這一切都不是這麼理所當然。玉欣也深深體會到，沒有辦法靠自己而活的實際感受，每天所體會到尊嚴喪失的挑戰。在沒有尊嚴的時候要怎麼辦、該如何自處？要怎麼樣改變自己的感受？要怎麼樣努力地往下一天活下去？這些一連串的問題，對病人來說都是很不簡單的功課。

「雖然我不能走路了，
連洗澡、上廁所都沒辦法自己做，
可是我想我還很幸運，
頭腦還是清楚的。」

某次我們拍攝的過程中，要去探訪一位她的病友，但那棟屋子是棟老公寓，她必須想辦法使用電動椅坐到樓上。然而，我們在樓下就發現那張椅子事實上是非常有問題的，尤其她一坐上去就差點就摔下來了。因為覺得危險，我便告訴她：「玉欣，我們今天就不要上去了，我覺得這太危險了。」

她告訴我：「導演，不行，我既然來了，我就要想辦法上去。」玉欣從上下車離開到每一個座位的時候，都需要有人把她抱起來，於是我一邊在心中想著：「自己都已經遇到這樣的狀況了，妳為什麼還要去幫助別人？」

她仍舊開朗地對我說：「導演我等一下要去幫忙，我要去那裡幫助……。」玉欣的故事讓我深深受到感動，也讓我意會到，即便我們的人生遇到了挑戰，仍可以從中思考「自己還能做些什麼」，持續為他人付出；而「轉念」更是為我們生命重新賦予意義的幫手，讓我們能在有限的時間內，過得更加充實、勇敢。

05 走進人群，幫助更多傷友學會面對
——陳美麗

曲導：「從受傷到現在一路走來，您是如何走出來的，請和我們分享您的心路歷程。」

陳美麗：「我受傷前做百貨業，從事的工作都與美的事物有關，每一年都要去日本幫公司帶最潮的貨，所以當下流行什麼在我身上一定看得到。可是當意外發生之後，整個都變了，作爲一個顏面傷殘者，幾乎面試工作都讓我吃閉門羹，更不用說再進入以前那一行。一直到我走出去，主動去融入其他人以後，其他人也因此知道，我和他們其實也沒什麼不同。」

曲導：「希望您能提供一些建議，給無論是身心障礙或顏損的朋友，和他們聊聊如何面對遇到的困境。」

陳美麗：「其實我是用轉念的，人生不是說遇到燒傷才是面對挫折，遇到考試不OK、失戀分手、在職場不順利，可能都是挫折。但我會把它當作是過渡期，不要因爲別人的言語，成爲讓自己停滯的理由。但如果每一天累積一點改變，有天你的人生就會很不一樣。」

讓傷疤化為美麗的力量

第一次見到陳美麗，讓我印象最深刻的，是她的自信。她是繼劉大潭老師之後，再一次讓我嚇一跳的超人。我曾看過美麗在ＴＥＤ上的演講，她染著一頭彩色的頭髮，耳朵上戴著酷炫的耳環，自信地告訴每個人，自己是「靠臉吃飯的」。當她說出這句話時，我心想，這需要多麼大的勇氣，才能走得過去。

「當我失去了孩子後，
原本我是不想要繼續自己生命的。
直到我看見了爸媽，
還有剛滿周歲、看著包得像木乃伊的我，
叫了一聲媽媽的女兒以後，
便堅持了下來。」

一九九一年，陳美麗二十七歲時，其所在餐廳發生一場嚴重的大火，在場有數十人受傷、五人死亡。而美麗也因此三度灼傷與毀容，尤其在腹中，有著滿心期待誕生的小生命，也因為火災的緣故流產了。

美麗在進行了六十多次的顏面重建手術之後，失去了正常的排汗功能與視力。但對於她來說，比起身體上的煎熬，更讓她心痛的，是被拿掉的第二個孩子。因為美麗從小出生在有家暴狀況的家庭裡，好不容易在就學期間半工半讀念到高中畢業，後來有了穩定的工作，並且買了房子與結婚，一切似乎按照美滿人生的藍圖前進。那場突如其來的意外，嚴重的燒燙傷讓她顏面五官幾乎可說是糊成一團，甚至因為燒燙傷擴及眼皮、鼻子，包含身體都是攣縮一起的。

美麗喪失了排汗功能，甚至連眼睛都失去了眼皮的覆蓋，二十四小時都得處在張著眼睛的狀態。當美麗透過鏡子看到自己，一直希望這是一場惡夢，醒來就會恢復了。直到第三天，她看到自己的臉與身體依然是這樣血肉模糊，美麗心想，自己之後該如何面對人群、面對未來？

每一次的治療，都是難以想像地辛苦，為了要活下去，必須經歷的治療實在太痛、太痛了。美麗每天都要用掉整桶的碘酒與一大綑紗布。碘酒要塗抹在

因為耳朵不太能受力去卡住口罩的帶子，美麗透過耳環去固定口罩。

隻眼睛加起來還是有一百度，一樣可以用一百度的視力來看人生。

接著，美麗向我們解釋，為何她會在耳朵上戴很多耳環。那些耳環其實不只是美觀與酷炫，它最直接的作用，就是能夠拿來佩戴口罩以扣住口罩的帶子。因為現在美麗的耳朵是重建的，是沒有軟骨的，所以不太能受力去卡住口罩的帶子。但是她又一定要戴口罩，所以後來就想到用耳環去扣住口罩的作法。

聽到她是如何從身體到心

理地走出傷痛，當面對別人的歧視，甚至是孩子無緣誕生的狀況，對於美麗及她的家人來說，都是多麼地不容易！

對應到美麗在我們眼前，所展現的大方與勇敢，並且把傷疤化為美麗的力量，樂觀迎接未來。她開始去為臉部平權發聲，帶著更多顏面損傷的人走出來，用自己的例子告訴大家：「每個人都有缺陷，為什麼一定要遮掩，我不能讓它變成是個人特色嗎？人都會想追求完美。可是，完美其實是別人的眼光，當你跟我一樣，整張臉五官都不見了，什麼都失去。包括你的身體、你的家庭，有天，我們都能夠一一把它完整回來。」

在拍攝的時候，我邀請沙畫大師莊明達先生與美麗一起來到金山影像館，讓莊老師為她做臉部的彩繪。莊老師不僅是亞洲人體彩繪的第一人，許多經常看到的沙畫作品中，也都是出自於他手。莊老師為美麗呈現的畫像是「老虎」。因為美麗的傷疤剛好像是老虎的斑紋，莊老師用了自己在製作沙畫時的一番話，「懂得捨去，才可能創造驚奇」來進行詮釋。他在製作沙畫時，必須把那些美好的畫面抹掉，才能有新的畫面。也正如他在美麗的生命中所看到的，在波折過後，讓我們看到的美好。

植物的生長方式很簡單，只需要提供它們陽光、空氣、水，還有一個適合自己生長的環境。像在影像館的百年老樟樹，原本因為宮廟翻建而被挖掉，當時的狀況真的很慘，不僅被連根拔起，甚至運到這裡來時連土球都沒有，更誇張的是連根都少得可憐。然而，驚奇的是，它在這裡不斷生長，從二〇一九年到現在彷彿重獲新生。我想到我們在人生的過程裡，如果你面向陽光，其實你看到的就是陽光；背向陽光，看到的就會是自己

「懂得捨去，才可能創造驚奇。」陳美麗與莊明達老師合影。（掃描此照片產生 AR）

的陰影。

美麗用自己的故事給了我們激勵。儘管她受了這麼嚴重的傷，歷經了這麼多年的手術與治療，我更希望透過她的故事與影像，讓大家未來在身邊看到不論是被火紋身的朋友，或者是身心障礙者時，不再單從外表評判他們，而是透過相處去理解他們的心。他們的心中，同樣有著無限的愛，對生命也充滿了熱情。

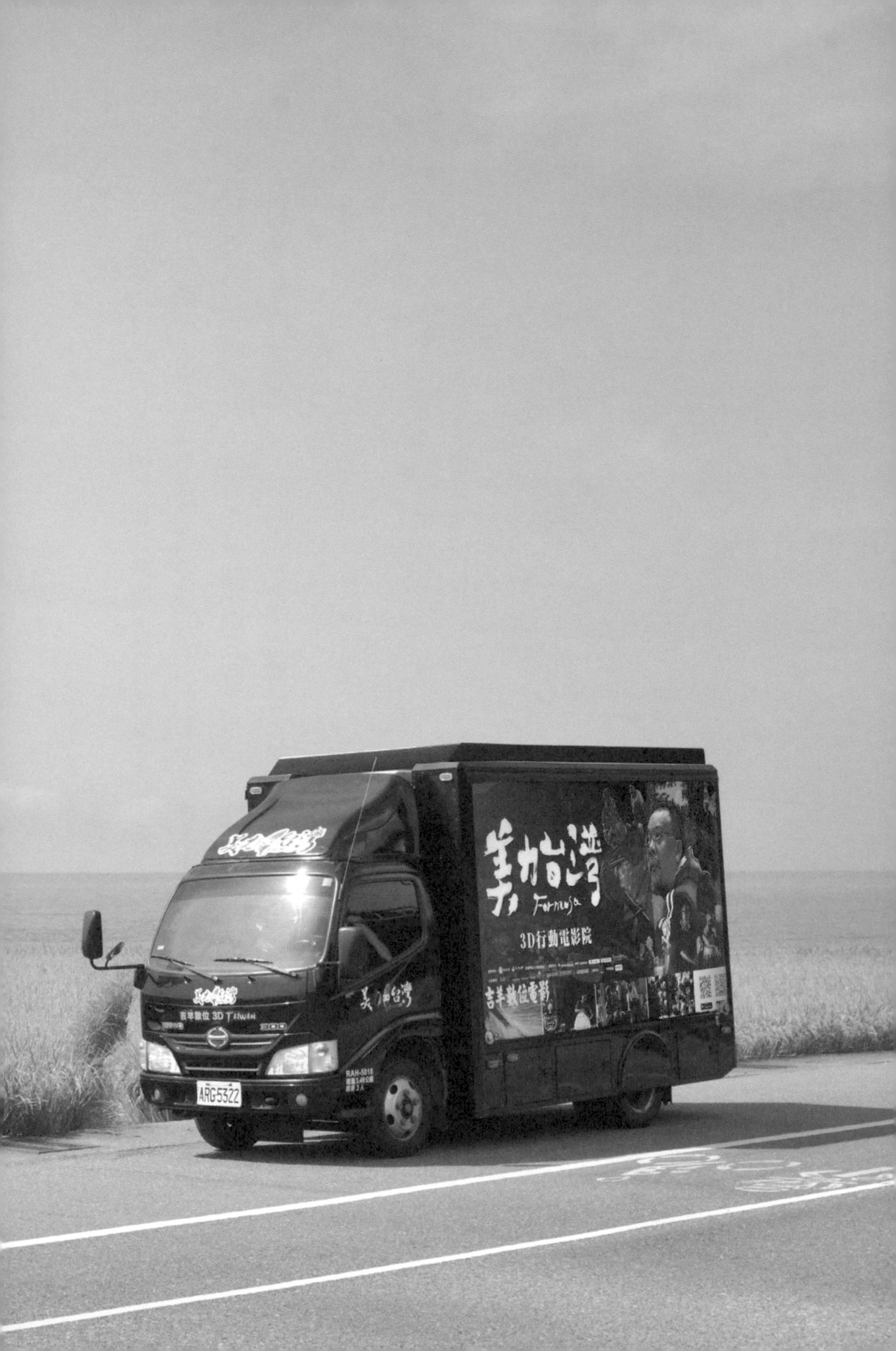
美力台灣
Formosa
3D行動電影院
吉羊數位電影
ARG-5322

Part 2

改變自己，面對環境

當我們願意「改變自己，面對環境」，
相信在面臨到相對應的關卡時，
這股在心中扎根的力量，
將會是改變發生的開端。

在遇見端育之後，他的故事就像一顆種子在我的心裡扎根。即便端育因爲重度肌肉萎縮症而不能自由移動身軀，他始終不放棄自我，以眼代手去操控電腦，與外面的世界溝通，完成許多令人驚豔的作品。他的生命故事，完全符合我邀請他設計的「改變自己，面對環境」。因爲人生得放棄許多大小事，他最大的夢想，竟然也只是希望能靠自己喝水、吃飯。這些一般人能輕鬆做到的日常，對他而言卻是奢侈的願望。每每與人分享這個故事，都會引起許多的回饋。

事實上，世界上有不少人，都有做到「改變自己，面對環境」這件事。當我到三軍總醫院與全院的主治醫師分享端育的故事時，有醫師告訴我，面對病患時，許多醫師們透過口罩掩藏自己的感受與表情，但他們的內心其實都是波濤洶湧的。而在看到這些生命故事之後，也著實讓他們重新反思，應該去面對自己眞實的情緒，並做出正確的選擇。也有幾次，在我與銀行的主管們分享後，他們告訴我面對全球新冠肺炎疫情的影響與金融法的改革，整體的大環境都讓他們喘不過氣來。但當自己主動面對，找回自己投入業界的熱情時，回到初心去看，接著就能解決這些問題。以上提到的案例，都能被看作是「改變自己，面對環境」的一種方式。

當我們願意「改變自己，面對環境」，相信在面臨到相對應的關卡時，這股在心中扎根的力量，將會是改變發生的開端。

01 默默行善的拾荒英雄

——趙文正

曲導：「您是從什麼時候開始做公益的？爲什麼您想要不斷地捐錢做公益？」

趙文正：「我以前做公益的方式就是看《台灣日報》，看哪裡有困苦的人需要幫助。我就想說要是可以幫助一些困苦的人，我也是困苦的人，困苦之人才能同理困苦之人的苦處。」

曲導：「您這是人生最高的境界，賺了都拿去捐，難道不會捨不得？」

趙文正：「自己省著點用就能過日子，做善事就是要這樣，不爲自己求享樂，只願眾生皆離苦。」

曲導：「這麼做，大嫂不會說話嗎？」

趙文正：「她會念。但念歸念也是會幫忙，幫忙做資源回收，幫忙撿給我賣。」

名列《富比士》的拾荒小人物

自稱為「拾荒小人物」的趙文正先生，與許文龍、張榮發、戴勝益三位企業家，並列於二〇一二年《富比士》雜誌評選的亞洲行善英雄榜上。他幾乎捐出了他大部分的薪水，甚至為了能捐更多，直到今天，仍靠著拾荒、資源回收以賺取更多能夠捐助的錢款。大概估算下，他已捐了超過三百多萬元，那一分一毫都是他一步一腳印，用自己的力量去換來的。

看著趙先生個子小小的，他時常一個人騎著摩托車，穿梭在擁擠的馬路上，載了非常多的回收物品，然後再一個人默默到資源回收場去。一個早上下來，只換了幾十塊、一百多元，再看到他已經駝了的背，尤其在酷暑或下雨天，甚至節慶假期，都全年無休，其實是會非常心疼的。

趙文正先生在回收場來回的背影。無論在酷暑或下雨天，甚至節慶假期，他都全年無休。

「我卡早也是困苦人，
困苦人才能同理困苦人的苦處。
所以，我就這樣一點一點地捐。」

捐款，從來都不是沒有理由的；付出，同樣也不是亮無原因的。趙文正先生告訴我，正因為他從小在困苦的環境成長，想要去回饋，而每個人的方式都有所不同，所以他選擇透過資源回收，可以讓自己去捐獻更多。甚至，在拍攝的那天，我發現他的眼睛有非常嚴重的白內障與青光眼，他不斷點眼藥水減緩那些不適，但仍不肯停下腳步。最有趣的是，拍攝過程中我們幾乎是「追」著他，共同去完成那一連串捐獻物資的路程。

我們發現，在趙先生醒著的時候，他幾乎所有的時間都是在做回收。他把這件事情當作是自己的生活重心，有時其他機構想邀請他演講，或是參與表揚儀式，他總是用「做回收」推辭。因為他知道，他利用時間去回收，能夠讓他累積更多的善心捐款，並將這些事情做為自己的使命。

趙文正先生獲得了許多機構的嘉獎與演講邀請，卻總是將所有得到的錢，連本帶利地捐了出去，並以「做回收」婉拒演講邀請，希望利用時間累積更多愛心捐款。

人生最大的欣慰，就是布施

最開始，趙文正的第一次捐款，是用自己爸爸的名字去捐的，這起因於對父母的感念之心，所以就看報紙去找到哪裡有困苦的人需要幫助。他從民國六十八年捐了兩百元開始，就這樣一點一滴地捐，騎腳踏車去家扶，後來也到創世基金會、世界展望會去做。

他自稱為「拾荒人小人物」，並且給了自己這樣的座右銘：「無論寒熱，無論春秋，過年春節，全年無休。資源回收，拾荒回收，犧牲享受，享受犧牲，利益群生。」在他退休以前，他幾乎都把薪水的七、八成捐了出來，自己就吃自己種的地瓜葉、空心菜來果腹。

而這位「小人物」認養的孩子，也可說是遍及了全世界，包含了菲律賓、越南、柬埔寨、中國、蒙古、吉爾吉斯、史瓦帝尼、玻利維亞、甘比亞、衣索比亞、約旦等共十幾個國家。

後來香港愛心獎邀請趙文正過去受獎，甚至還頒了將近三十萬港幣的獎金。然而，原本他們希望可以讓趙先生的生活過得好一些，結果他又連本帶

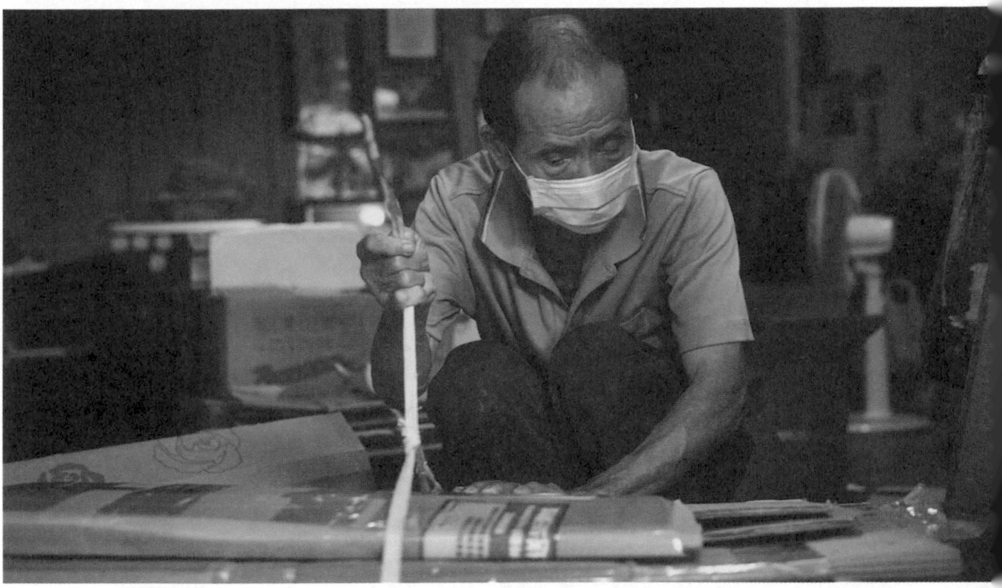

即使眼睛動過手術，在工作崗位上也退休了，趙文正先生仍然馬不停蹄，希望透過回收工作，回饋給更多需要幫助的人。（掃描此照片產生 AR）

利，再加上自己回收換來的錢，全部捐了出去。

趙文正一心都希望幫助更多困苦的人，另一方面，自己的女兒卻也因此受到了霸凌。到學校時，同學都會嘲諷說，怎麼她的爸爸總是像遊民、甚至像狗一樣，在翻垃圾桶、撿垃圾。這件事情，當時讓趙先生的女兒十分不解，留下了陰影。但在拍攝時，我們也看到了他的女兒在談到自己的父親時，述說了多年後解開心結的過程。她流下了眼淚，說自己的父親是最偉大而獨一無二的人，接著拿出了自己女兒的繪本，也正是趙先生的孫女畫的、自己心目中的阿公。在繪本內，那位阿公的力量非常大，用資源回收幫助了非常多的人。

趙先生看著繪本，忍不住露出笑容。在那一刻，我看到他非常清楚地在「做自己」，他不會去在乎別人的流言蜚語，堅持做自己認為對的事情。後來，趙先生也影響了他的兒女，去幫助了更多的人。

其實，在訪談過程中我聽到了一段更心疼的話，是他說想要捐出一部救護車。但還需要兩百多萬元，他現在還沒有能力，因此先捐了一台警備車。我看著他幾乎捐了他的所有，這樣無私的關懷與付出，真的是非常不容易的事情。尤其，歷經眼睛手術，在工作崗位上也退休了，仍然馬不停蹄，就是想要回饋給更多需要幫助的人。

因為趙先生的自幼家貧，即便全身帶傷，也因年紀增長而視力模糊，他仍希望能夠繼續助人。

他的生命完整詮釋了「坐而言，不如起而行」這句話。我在他書桌上，找到了一些他寫的東西，認為這大概是他人生的註解。他為「做善事」所下的註腳是這樣的：「不為自己求享樂，只願眾生皆離苦；善心感恩度群倫，慈悲喜捨大願心，惜福結緣利人天。」

02 守護城市森林的生命鬥士——莊傑任

曲導：「請您分享您是如何受傷，整個過程又是如何走過來的。這個過程爲您帶來了什麼影響？」

莊傑任：「因爲在哈瑪星鐵道文化園區那邊，有個百年高雄港的活動，當時我們想要它保留記錄下來。我那時候離高壓電太近，爬上火車的時候就被電到。台鐵的電是兩萬五千伏特的高壓電，所以那時候被電到，醫生說是七五％三度電燒傷，說我幾乎是第一個帶著這樣的傷還能活下來的病人。」

曲導：「您自身是如何去面對這樣子的苦痛？我相信您在過程中，有掙扎過，而我覺得您可以給我們很好的建議。」

莊傑任：「我覺得心理建設其實是家人給我的。當然痛，是最難忍受的。

大部分人不接受自己現在的狀態，就會經常會想說：『我曾經可以怎麼樣，爲什麼我現在這樣？』因此，你的心裡要先接受自己現在的樣子，而且接受每個人都有生老病死，當自己在做要做的事情時，自然就會把那些不一樣拋在腦後。」

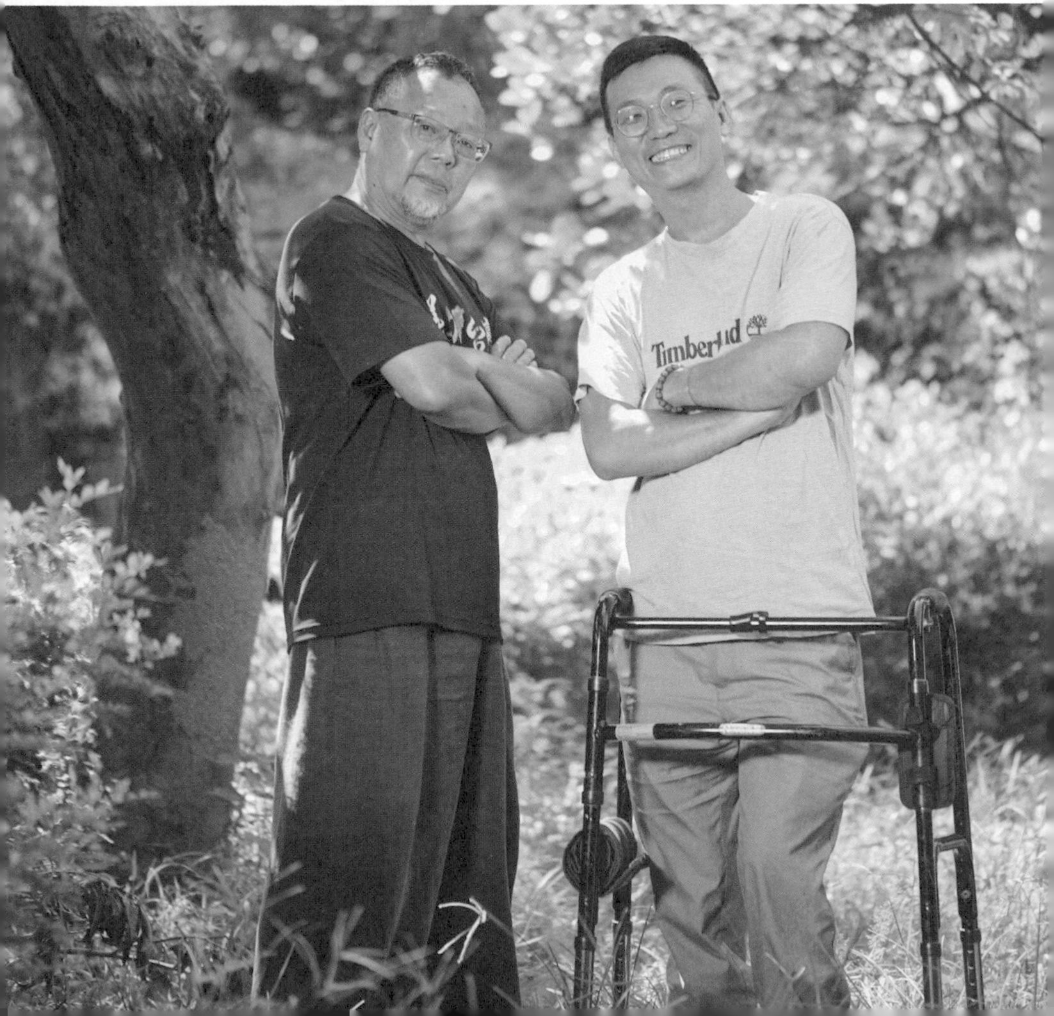

逆境重生的護樹天使

二〇一〇年，二十五歲的莊傑任遭到了兩萬五千伏特的高壓電電擊，經歷二十三次手術、六次清創與植皮後，奇蹟生還。在行動需要依靠助行器的狀況下，他仍投入護樹行動，即便行動不便都想要改變環境。

經由台灣超人顧問黃柏霖的引介，我們有機會深入了解傑任的故事。其實第一次見到傑任時，我仍是嚇一跳的，儘管前一年接觸過了劉大潭、楊恩典老師，同樣地，我還是為他的模樣感到震驚，同時伴隨著尊敬。我看到他拄著助行器，不斷地四處奔走，為森林發聲；為了讓人聽見倡議的聲音，他必須非常主動地走到第一線，製作海報、大聲疾呼，並且舉辦公聽會。當我看到他一跛一跛地前進，總是為他擔心，要是他遇到反對方激烈的反應，那該怎麼辦？

我的擔憂立刻獲得他父母的共鳴，他們告訴我，一方面是很高興傑任的生命獲得重生，另一方面更擔心萬一有天被人追打還跑不掉。於是他們父母選擇用陪伴的方式，陪著傑任上街發傳單，到政府單位去陳情。因為看到這些事情是正確的，因此認為對的事情，就沒有理由去阻止。

當我第一次看見傑任燒燙傷的那些照片，嚴重的程度讓人不忍直視，而當時所有的醫師幾乎都回覆他，這是不存希望的醫治，可是傑任並沒有放棄自己。

「我七五%三度電燒傷，這意味著我七五%的身體，沒有任何皮膚保護我。」

面對鏡中血肉模糊、不認識的自己，傑任說，剛被電到時，醫師告訴他，這是七五%三度電燒傷。他們甚至說，傑任可能是第一個遇到這樣狀況，還能活下來的病人。

因為對於生命的熱愛與堅持，歷經前後手術了二十三次，不斷在病房與加護病房間轉來轉去，躺了半年，最後花了九個月才出院。然後前前後後又進出

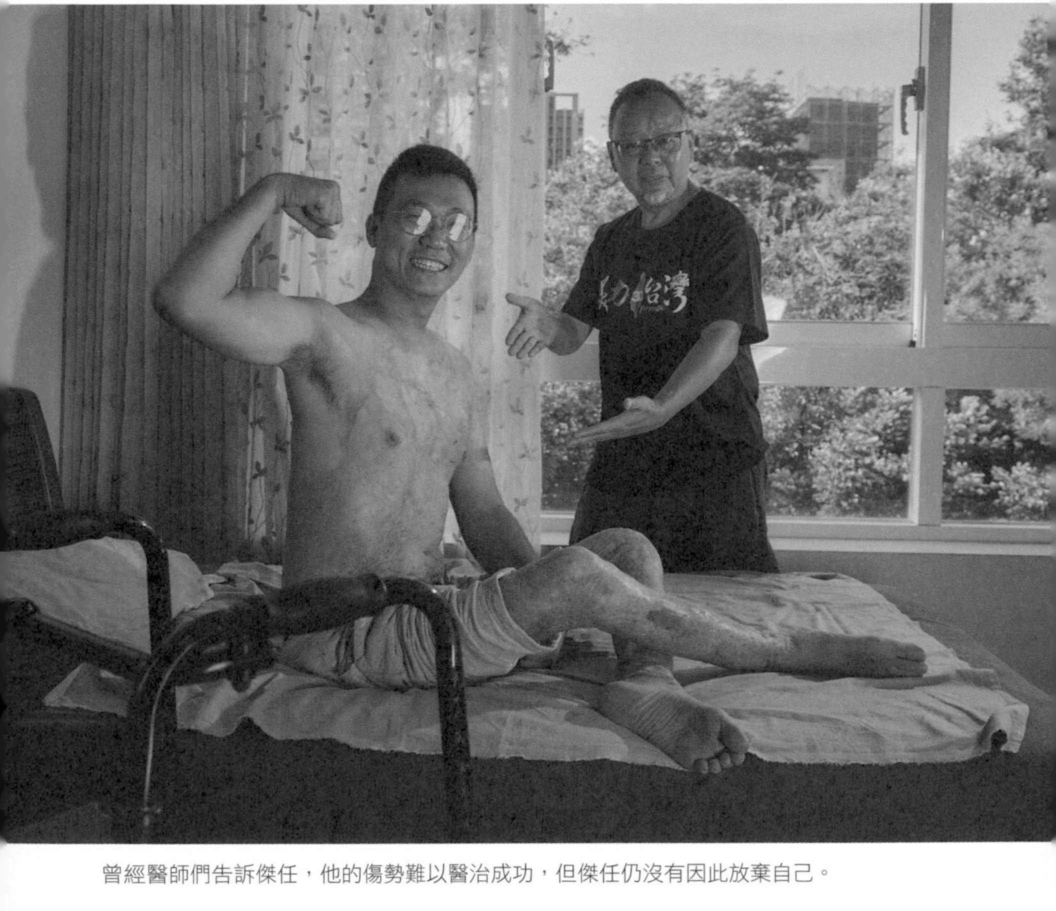

曾經醫師們告訴傑任，他的傷勢難以醫治成功，但傑任仍沒有因此放棄自己。

醫院，費時三年半才讓所有的傷口癒合。

每當看到血肉模糊的傷口，父母既是心疼又捨不得，但傑任卻總是給予他們無比的信心。在非常難過的那一年裡，他從來沒有說過一次「我不要活了」。傑任樂觀地給予身旁的人勇氣，他告訴他媽媽說，你看我還有一雙腿。即便正常步行對他已經是非常困難的事情，他的勇敢仍帶給了父母許多安慰。

改變對樹木不友善的環境

在拍攝那天，我跟著傑任後頭一步一步地走，我看到他在身體上被燒燙傷七五%的傷疤，也能感受到他在心裡面的創傷。令人敬佩的是，看到他在比許多人更不方便行走的狀況下，仍做了許多了不起的事情。傑任在高雄已經救了兩千多棵的樹，其中甚至有四百多棵的樹，超過了六十歲的樹齡。他告訴我，接下來還有一萬多棵的樹等待著他去救。

「我常會忘記自己跟別人的狀態不一樣，
儘管沒有辦法跟大家一起去玩。
當我投入在自己要做的事情時，
就會忘記自己跟人家有太多的不一樣。」

在高雄市有個《特定紀念樹木保護自治條例》，這個條例裡面，特別寫到樹圍超過三百公分者，可以提經由提報列管掛牌。傑任他們就是因為這樣發起了這樣的老樹調查，自二〇二一年開始，就已經被他們調查出四百多棵老樹。

緣起來自於一開始傑任看到很多老樹被斷頭，他與對方的這些對話開始：

「樹可以不要剪這麼多嗎？」

「這是公園欸，這又不是行道樹。不是，重點是里長直接叫我們這樣剪。」

「你們有沒有修剪證照？不能斷頭，不能殘留枝炳，不能獅尾，不能過度提升樹冠，這些都寫得很清楚。」

從小對樹木的感情，讓傑任在看到老樹被斷頭時，產生了改善樹木生存環境的動力。（掃描此照片產生 AR）

「你可以去看一下規範好嗎？政府的合約有沒有寫？」

「要依照高雄市……」

他看到了很多樹不斷被破壞，而傑任從小，便對這些樹充滿感情。他在過程裡發現，他有能力去改變這一個對樹木不太友善的現況。

這也讓他去思考：「這個問題有沒有改善的機會？」為了這件事情，傑任去考了樹藝師的執照，結合過去建築研究所的相關背景。

正因為當作是志業在做，為了高雄的樹木都有更好的發展，傑任不僅全心投入，也為它們發聲，提供建議，以及正確的技術。這幾年他的不斷耕耘，讓環境慢慢地產生有感的改變。

傑任在做的這件事情並不容易。

曾經，最開始在建設金山影像館之前，我只是想建一個退休後的農舍。在勞保退休後，我領回了退休金，拆分後三分之一就是幫助拍片認識的老樹農。他們最年輕的師傅都有七十幾歲了，即便他們年紀大了疾病纏身，甚至要面臨到土地的糾紛。

這些樹農被迫要移走土地上的樹木，在沒有體力、也沒經濟支持的狀況下，這讓花了大半輩子心血在照顧這些樹的老樹農格外心疼。因此，我立刻問了我太太雪芳，再找了幾個朋友合作把樹買回來。

我在金山影像館內種植許多救援回來的樹，他們許多是在台北即將被砍伐的百年老樹，也有來自於中南部的柏樹、松樹。

樹木能夠帶來的是生態系，並在影像館內形成一個生態系，包括台灣藍鵲、老鷹、松鼠、青蛙、陸龜、穿山甲等，甚至許多植物與花卉來自於周邊的小鳥經過咀嚼後所留下的種子，帶來庭院裡生根發芽。

因為從傑任的行動開始，以後在公共環境修剪樹木，大家會更小心，更留意對於城市森林環境的維護。

如同傑任的例子，或許每個人前進的每一小步，都能夠成為使世界發生更多好的改變的啟動因子。

03 從厭惡妥瑞症到接受自己
——曾琮諭

曲導：「請您與我們分享什麼是妥瑞症。妥瑞症的輕重，有什麼樣不同的症狀？」

曾琮諭：「妥瑞症是一個很複雜的光譜，動作型的症狀就像是聳肩或者甩脖子，或者是甩手之類的。比較嚴重的可能會合併聲語型的症狀，像是會不由自主地發聲，更嚴重的患者會有穢語症的合併，有點像強迫症這種感覺。」

曲導：「請與我們分享，您是如何從討厭自己的病症到接受它，甚至去幫助更多人？請與我們分享這一個過程。」

曾琮諭：「因爲我受到太多不友善的對待，覺得教育這件事情可以改變很多狀況，改變人的誤解，改變人們的不了解。現在遇到的挫折跟考驗，我能不再把它想成是一個非常糟糕的狀況，會想成它就是一個過程，讓我學會如何能夠好好地、更圓融地去處理。」

期許透過教育改變現況

因為妥瑞症的緣故，曾琮諭從小遭受過許多歧視與霸凌，由於求學階段在學校受過傷，後來不斷在國內外進修，希望透過教育去改變不甚友善的現況。

「透過教育，可以改變很多因為不了解，所以產生的霸凌與歧視。」

妥瑞症在台灣並不屬於太罕見的病症，在台灣盛行率達兩百分之一，二〇一五年為美力台灣製作光雕的夥伴小黑，就是一位典型的妥瑞症患者。起初，我不知道他有這個症狀，只見他坐在我對面不斷地對我眨眼，又不斷露出開心的笑容，當時我很疑惑，為什麼對面一個大男孩才初次見面，莫非是刻意在對我示好？後來我才理解，這就是「放電」的過程。

妥瑞症是一個複雜的基因遺傳性疾病，許多妥瑞症患者就像小黑會不由自主地眨眼，或者是不停發出清喉嚨的聲音，這些不斷持續的聲音或動作，是妥瑞症的典型症狀。

妥瑞症是一種無時無刻的「症狀」。「發作」與「症狀」是截然不同的兩種層次，「發作」可能像是癲癇的無預警的發作，「症狀」則是無時無刻存在著的。它所引起的合併症有注意力不集中、躁動、強迫症等，是非常複雜且多重的，許多患者在成人後就逐漸能夠克制這個外頭的症狀。但小孩並不會，也因此有許多孩子自小就被當作是刻意唱反調、學習理解狀況低下。當孩子們不知道如何解釋的時候，他們會選擇躲起來。自然而然，當孩子不懂得表達時，經常就會受到霸凌與歧視。以我自己為例，因為我的半邊視力與聽力都嚴重受損，他們不像我們這些半邊聽不到的人，懂得去跟人家表達與要求。因為害怕被責罵，選擇逃避之後，未來遇到不知如何處理的狀況時，自然就會習慣去逃避。

曾琮諭是由時任教育部次長蔡清華介紹、再透過了高雄市政府顧問陳珮

曾琮諭透過演講訴説自己的生命故事，讓更多人認識妥瑞症。（掃描此照片產生 AR）

汝的牽引認識的。在我們與蔡次長分享超人們的故事之後，次長與我推薦了琮諭，作為台灣超人的人選。

從厭惡到接納

曾琮諭所代表的，正是許多妥瑞症患者普遍遇到的問題，於是他思考，如何去調適與面對外在的不理解，進而去幫助更多有類似狀況的孩子。

最開始，琮諭無法面對自己，甚至厭惡自己，和那些無時無刻出現的症狀：甩手、清喉嚨，甚至是學人家說話。尤其在焦慮的時候，這些症狀會變得更嚴重。曾經讓琮諭最受傷的，是他在中學的時候，老師當著全班的面前說：「曾琮諭，我對你的未來與這個社會感到擔憂，你未來連掃地都沒辦法做好。」這句話與當時的處境，讓當時的他，幾乎都要崩潰。甚至更有許多同學模仿他、嘲笑他，在這樣的狀況下，當時的琮諭選擇了放棄自己，竟從四樓跳下。所幸大難不死，他掉在一輛汽車的天窗上。之後在醫院內休養了一年多，這也讓他重新思考生命的意義。

「我從不喜歡自己、
討厭自己，
到接受自己，
慢慢轉念，
變得願意走出來。」

從厭惡這個不完美的「妥瑞症」開始，琮諭儘管有滿腔的憤怒，在大難不死之後，他思考著自己或許能對妥瑞與身障的朋友們有些貢獻。他選擇去接納、面對患有妥瑞症的自己，也發現自己能夠訓練口條，用演講去影響更多的人，透過自己的例子，讓更多人認識妥瑞的症狀。因為心境轉換，琮諭希望透過教育，用不同的態度面對人生。

他在拿到了中山大學社會學碩士之後，又前往美國喬治華盛頓大學拿到碩士的學位。

我在拍攝的過程中，看到妥瑞症帶給他非常多的考驗，他沒有辦法坐得住。

他想好好說完一句話，中間會忍不住地發生「啊——啊——」的聲音。他告訴我，現在的他在搭乘大眾運輸交通時，依然會感到焦慮。但他選擇去面對這樣的自己，選擇主動告訴其他人，「自己是一位妥瑞症的患者。」

琮諭告訴我，那些「意外」，成為了他人生中的轉捩點。現在他不再將妥瑞症看作是一種非常糟糕的狀況。他會把它想像為成長的過程，學習如何去好好地處理，也希望透過教育去告訴更多人，如何去面對，進而改變他人的不理解與誤解。

04用筆，打開心視野——廖燦誠

曲導：「老師我剛剛有看到，您在創作的過程中，手在抓中心點，能不能跟我們分享一下，您在創作過程中的感受？」

廖燦誠：「因為雙眼看不到，所以我用觸覺。除了沾那個墨汁之外，我會去感受毛筆的濃淡乾溼，之後必須一氣就呵成。一般人是靠眼睛看，就可以掌握整體，我用的方法，是靠小文鎮定位，因為連光覺都沒有，所以我創作時就可以讓自己的感受變得更單純。打開心眼，就會變得沒有所謂的框限，我就能夠去捕捉我要創作的內容。」

曲導：「我相信您從看得見至單眼到雙眼都看不見，以及您最後說的打開心眼，這一段過程其實是需要去面對跟克服的。」

廖燦誠：「其實我剛開始也不知道，自己失明以後會是什麼樣子，更不知道說連光覺都沒有了，這對任何人來說都是一個很大的打擊。既然過去已經沒辦法改變了，但未來還是可以設定目標啊。你有一個指標，你才能夠往前進。」

在黑暗中打開「心眼」

《台灣超人》的受訪者有六成是身障，當我們透過影像呈現受訪者的面貌，以及這些超人們克服障礙的過程，觀賞者們是可以直接感受到他們的不容易的。即使身體逐漸失能，他們也不斷用堅強的意志來面對這些問題。

本章要介紹的廖燦誠老師，是一位寫了一手好書法的盲者。面對失明的自己，他摸索出了自己的書藝創作之道。從三十歲單眼看不見，到四十二歲的雙眼失明，不放棄與堅持讓他能去改變環境，開啟心的視野。

會認識廖燦誠老師，是因為某一日，配樂大師鍾興民老師分享給我的影片連結。在影片裡，我看著一位老先生穿著太極服，他戴著墨鏡揮毫自如，在寫完字之後，拿起了手杖。原來，廖老師是位連光覺都沒有的盲人，甚至還罹患了癌症，但他沒有放棄自己，寫出一個又一個活躍的字。我看著他，著實是用自己的「心眼」，來看這個比誰都還多彩多姿的世界。

廖燦誠老師為自己取了一個別號「太極生」。他告訴我，他並不是突然就全盲，他是在三十歲全力衝刺工作時，突然發現自己右眼有一半看不見的，

廖老師告訴我，其實書法不只是書法。抓住那個韻律，抓住那個結構，就會有一種新奇的感覺，所以創作起來總令他樂此不疲。（掃描此照片產生 AR）

所見的畫面猶如太極圖般黑白相間。醫生告訴他，必須盡快動手術。但手術後，廖老師的右眼仍邁向完全看不見的方向惡化，接下來他必須接受的，是未來另一眼也即將面臨失明的恐懼與未知。

為失明預做準備

聯繫上老師之後，我們原本很快地約定好了拍攝的時間，但在拍攝前一天，他的身體狀況急轉直下，突然咳血。但很幸運地，後來老師的症狀即時被發現了，在病床上的他不斷掛念著希望能夠被拍攝、記錄下他的字。在參與了拍攝之後，他與我們分享，拍攝《台灣超人》是互相感染、互相激勵的過程，雖然他看不見，但能感受到與過去拍片的狀況十分不同。

「其實剛開始，我不知道自己會失明。我問自己，以後我看不到還能做些什麼？」

廖燦誠老師以國立藝專美術科西畫第一名的成績畢業，在畢業的那一年，他同時參加了大專組書法比賽，也獲得了第一名。在當時，拿著雙料冠軍的頭銜，他一畢業就到大同公司的宣傳設計部門，並且簽到四年合約。他每天都非常投入在工作，可說是廢寢忘食，也因此沒有顧慮到自己的身體狀態。直到有天，當他把不小心摔到地面的眼鏡拿去重配時，才發現單眼看不到的問題愈來愈嚴重了。那時廖老師才快三十歲，在兩次手術後，他的右眼便變得完全看不見了。

雪上加霜的是，當時醫師告訴他，他有可能以後兩隻眼睛都會是失明的狀態。所以他把握還看得見的時候趕快創作。抱著這種心態，廖老師開始從事書法教學的工作，從基礎初級班，到中級班、高級班，準備了各式教材與字體，包括象形文字的書法、教導三歲的小朋友的寫字畫畫素材，以及在沒有任何壓力下，把書法當作是畫畫來練習等等。

這些教學的過程讓他得到了意外的收穫，教書法時的收入也讓他的經濟狀況漸趨穩定，只要有多少學生，就會知道有多少的學費收入。在還沒有完全看不見的時候，他就為自己做好了準備，也為未來自己都看不到的時候，找到了不斷練習的樣本。他的樣本，也正是中國文字四種動物的組合。他以「龍」這個字，每天來做創作與練習，寫百龍書。寫完了以後發現它好像會動，甚至寫了百次寫得還不過癮，就寫到千龍書。

什麼聽說過，全盲的人能夠從事書畫類原本需要依靠視覺進行的創作。

老師告訴我，創作是要打開心眼的。每次的創作過程就像在舞台上表演，都是很好的磨練機會，因為不能夠發生狀況就停在那邊，無法NG、必須要馬上應變，所以非常有難度。即興創作是很重要的，尤其是書法，不能夠寫到一半分成好幾段來寫，如果沒辦法一氣呵成，那麼寫出的線條就會是死的。

老師也與我分享他的觀點，他認為雖然過去已經無法改變，但是未來是可以設定目標的。要有一個指標我們才能夠往前進，當然如果可以，也希望我們能夠繼續創新，無論如何，就是不要放棄創作的能量。不要以為已經到達終點了，有新的發現就會有新的變化，所以要不斷地求新求變。

從一隻眼睛看不到，到逐漸退化到全盲，歷經無數次手術失敗而感到挫敗之後，他選擇面對失明，一步一步重新適應生活，一筆一畫從頭苦練。

在二〇二二年美力台灣的記者會上，我們邀請到廖老師為記者會的主題「享」字製作主視覺。「享」字，代表著手心向上與手心向下，代表美力台灣的精神，因為有眾多支持者的彼此分享，巡演團隊勞頓地爬山渡海，當電影車開到每個孩子的面前，他們戴上眼鏡時，從他們分享自己所獲得的喜悅與驚

廖老師於 2022 年美力台灣的記者會上，現身說法。

奇。這個「享」，因為彼此的行動，讓分享有了互動，也因此再讓共享成為彼此的感動。

當天，我們也邀請廖老師來到現場，邀請他共同感受記者會所充滿的正能量。當主持人黃子佼走到廖老師的身旁，大家的掌聲不斷。雖然廖老師看不到，但他用聽覺、用心感受到了這些認同，也因此有了持續下去的動力。

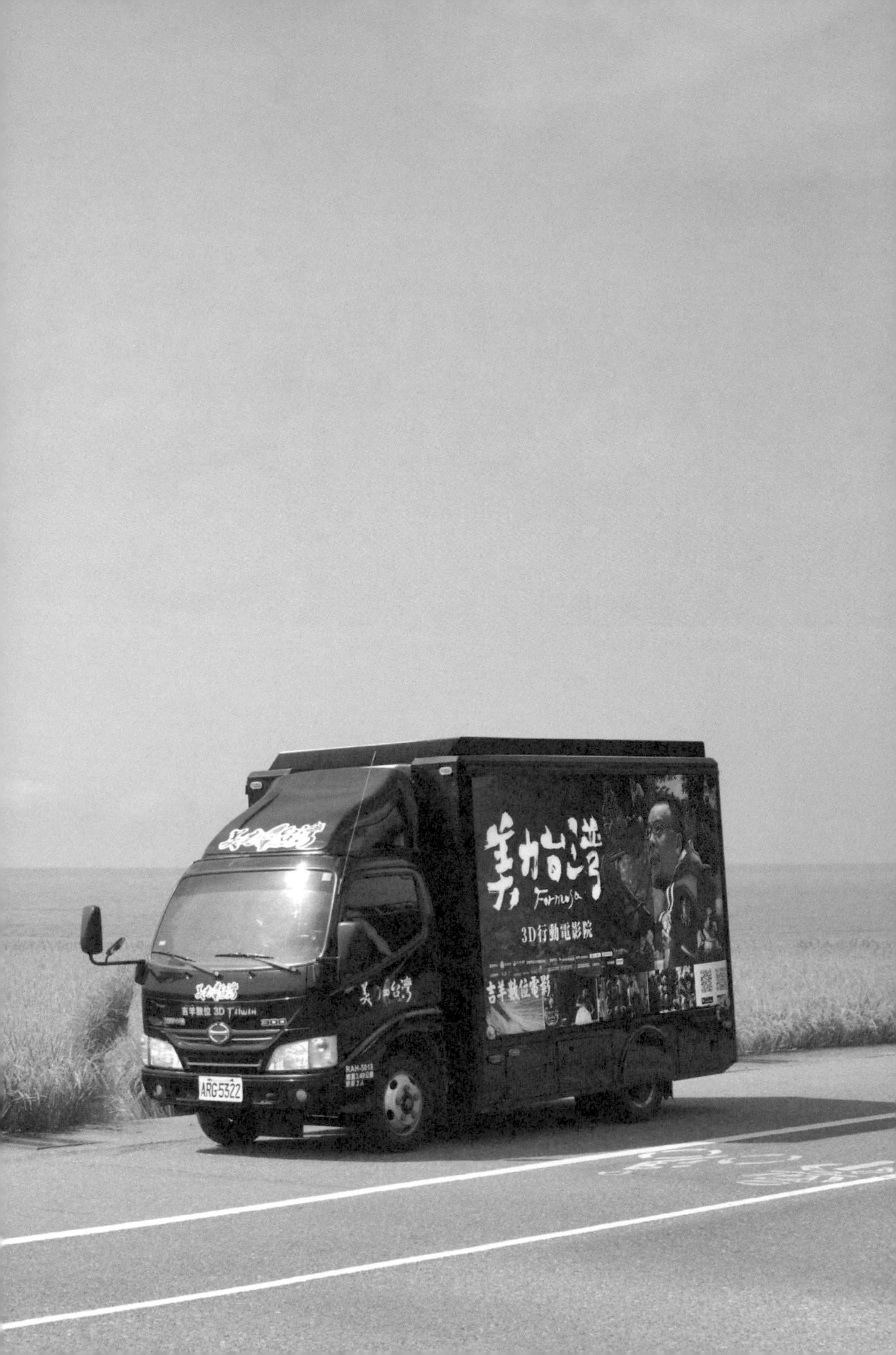
美力台灣
Formosa
3D行動電影院
吉羊數位電影

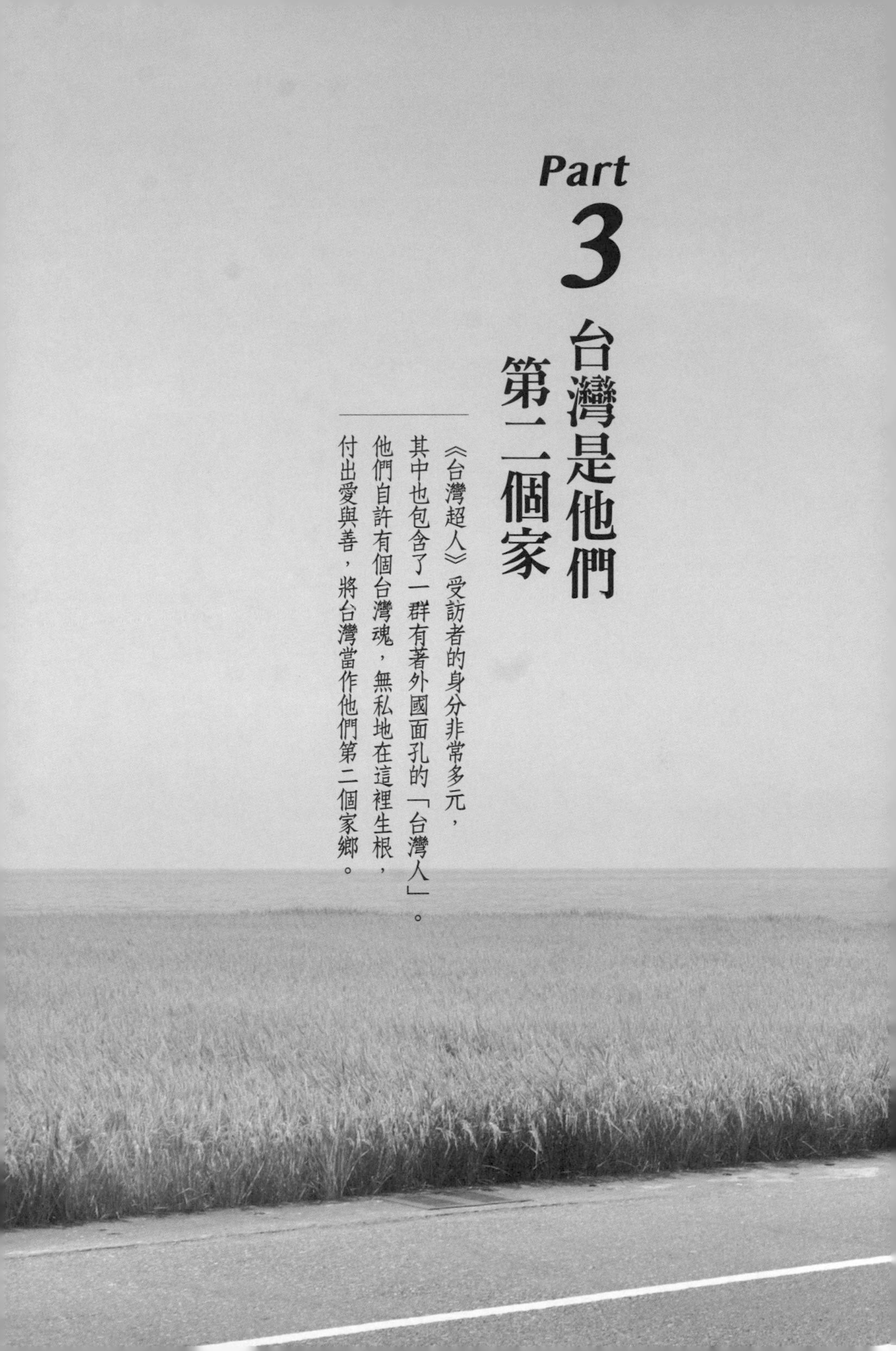

Part 3

台灣是他們第二個家

《台灣超人》受訪者的身分非常多元，
其中也包含了一群有著外國面孔的「台灣人」。
他們自許有個台灣魂，無私地在這裡生根，
付出愛與善，將台灣當作他們第二個家鄉。

《台灣超人》受訪者的身分非常多元，其中也包含了一群有著外國面孔的「台灣人」。看見他們深愛台灣，熱愛這片土地上的生命與文化，令人無比地感動。

台灣有一群來自海外的神父，他們都是在年輕時來到台灣，花了幾乎大半輩子在台灣耕耘的。

他們自許有個台灣魂，無私地在台灣生根，付出愛與善。像是第一次在《台灣超人》記者會上現身的吉雷米，他與大家分享，說自己是投錯胎的台灣人，讓現場充滿了笑聲。在拍攝他的過程中，我看見他用雙腳來閱讀台灣，這也讓我重新思考，到底什麼是「愛台灣」？

在二〇一七年年底上院線的《美力台灣3D》電影，擔任腳本與口白的小野老師在裡面說：「愛台灣，不是一句口號。」在拍攝這些電影的過程裡，我自勉不只是拍攝，而是能把握機會，透過鏡頭去閱讀這些在地的故事，用心去體驗去了解不一樣的生活。

一天眞的很短，一輩子也不長。認眞經營自己的生活，不斷在生命的過程裡分享付出、練習，這些將台灣當作他們第二個家鄉的超人們，眞的非常不容易。感謝這些台灣超人，不僅爲我們的土地而努力，當我們願意一起動手來做，相信會感染更多身邊的人，一同投入「愛台灣」的行動。

01 花蓮玉里的「法國爸爸」
——劉一峰

曲導：「除了幫助身心障礙的孩子，您還照顧了一些病患，請問您做這些事，根本的原因是什麼呢？」

劉一峰：「在四十一年前，我們成立了安德啓智中心，那裡住著智能不足的青少年或中年人。每天我們安排一些活動，比如說烘焙、做麵包等。我們的目標就是讓那些智能不足的孩子，像有一個家那樣，這樣我們就能成爲一個大家庭。」

曲導：「其實不論是身心障礙的孩子，或是有精神障礙的朋友們，他們都非常可愛。想請問神父，我們要如何用陪伴、用關懷、用肯定，來對待這些孩子？」

劉一峰：「首先要改變我們的眼光，當我們跟他們在一起，只要多接觸，就會發現他們都有非常多可愛的地方。像是我們這邊也有只有一隻手的人，可是我們要看的，是他那隻手眞的很厲害！分類的時候，把寶特瓶、鐵罐、鋁罐等等分類做得很快。我們要依據他們的能力，給他相符的工作。不給他們壓力，按照他們的速度工作，這樣他們才會樂在其中。」

關懷弱勢，把愛傳出去

劉一峰神父來自法國，他二十五歲時來到台灣，在花蓮成立了天主堂、啟智中心與二手物流中心，關懷花蓮的身心障礙者與弱勢族群。劉神父的回收場擁有花蓮最多的回收量，只要兩天，回收量不僅滿載此處，甚至幾乎等同於全玉里地區的單日回收量。

劉神父是安德啟智中心、怡峰園與天主堂的負責人，因此，被當地人稱為「玉里的法國爸爸」。我們是在二〇二二年八月去拍攝劉一峰神父的，然而，在一個月後，發生了芮氏六．八級的玉里大地震，花蓮陸續傳出橋梁斷裂、樓房和火車站倒塌的情形。劉神父的回收場與教堂也位於災情嚴重的地區，就連在教堂旁的便利商店也隨之倒塌。看到新聞畫面，想起劇照師Jimmy還在那裡買了一杯咖啡，我趕緊打了電話給劉神父關心他的安全。

劉神父接起了電話，他的聲音依然充滿著精神，告訴我們雖然地震在花蓮並不稀奇，但那場地震還是滿可怕的，所幸人都安全，所以要繼續做事。遭逢火災都能走下去了，他仍可以不畏艱難，持續不停地幫助更多的人。

「一直到現在，我們沒有放棄任何一個人。我們要給他一個機會，重新加入社會。」

劉一峰神父出生於法國西部布列塔尼（Bretagne），他在充滿愛的家中成長，有著非常虔誠的信仰。

劉神父一出生時，有個擔任修士的神父作為代父抱著他受洗，並用自己的名字Yves為他命名。到了劉神父十七歲時，他的阿媽告訴他，本來他有一個叔叔也想當神父，立志到亞洲傳教，可是在第二次世界大戰的時候，因為參加游擊隊而身故。

阿媽告訴他，有一天劉神父會代替叔叔到亞洲去，把這樣的溫暖分享給更多人。於是在巴黎大學神學系畢業與服完兵役後，他申請前往台灣，民國五十五年就在地中海的馬賽港上船，坐了一個多月的船抵達基隆港。一直到現在，來台灣五十六年，已經八十多歲了。

在來到玉里之前，劉神父頭兩年在新竹學習語言，後來才被派到花蓮市。但在那段時間內，他發現除了傳教以外，自己還有一項任務，就是帶著孩子快樂長大。

因為劉神父在法國念書的時候，常常會舉辦戶外活動，來到台灣發現有河又有山，應該可以多安排很多活動。可是到台灣後，發現學生一到寒暑假或周末，需要花很多時間去寫功課，沒有自己的休息時間，真的非常可惜。

劉神父告訴我，每個孩子都擁有一把通往夢想的鑰匙，只是在成長的過程中，可能磨損了它的光輝。劉神父發現，許多孩子的家境不太好，這使他們放棄了自己的夢想。於是神父希望為他們找回這把鑰匙，鼓勵開設閱覽館與圖書館，用教育去改變孩子的未來。他告訴我，真正的閱讀，會感覺到每本書都像是一位老師，那些老師會教我們一些我們不知道的事。

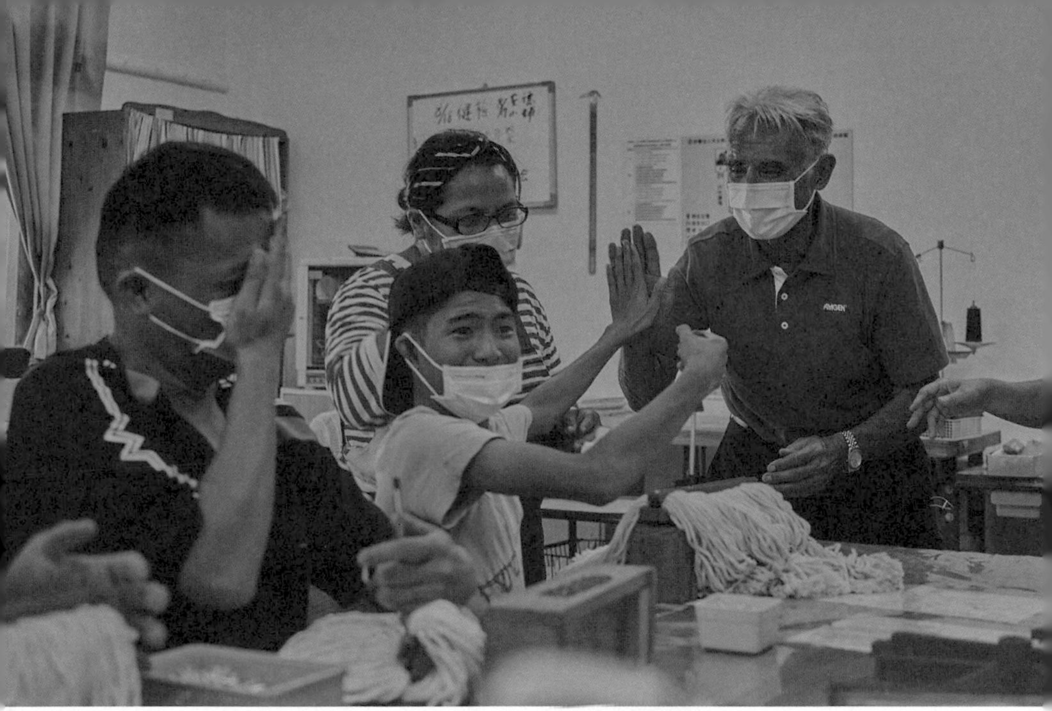

劉一峰神父告訴我，大家都是平等的，只要改變我們的眼光，多與身障及弱勢族群朋友接觸，會發現他們有很多的可愛的地方。

在回收場起火之後

除了孩子之外，劉神父也幫助了許多擁有身心殘疾的人，以及一些有前科紀錄的更生人。神父希望讓他們有個機會，能夠重新回到社會。所以神父邀請他們一起來做回收的工作，目前為止，大約有七十多位工作人員。神父也透過這些回收與捐助來的款項設立了相關機構。例如四十一年前成立的安德啟智中心，它幫助了許多智能不足的青少年與中年人，並且每天為他們安排一些活動，比如烘焙、環保回收等。

看著神父和藹的笑容，我問他，如果感到挫折時會怎麼面對。他跟我講了一個故事，幾年前在他們的回收廠內，有個人離不開酒，無論如何鼓勵支持，他依然離不開酒精的誘惑，所以神父把他安排到了一個戒酒的地方。在那裡一年半之後，他就打電話回來說：「神父我可以了。」

擔心他一回到玉里，馬上又故態復萌，所以就讓他先留在台東。但沒想到在他們為他介紹工作之後，不到一個禮拜，那個人又開始在喝酒，甚至跟其他人發生爭執。神父說了一段讓我很感動的話，他說，正因為改變真的非常困難，但它是件有價值的事，一直到現在，他沒有放棄任何一個人，也認為任何人都值得擁有夢想，擁有再一次的機會。

「兩年多以前，
我們的回收廠起火，
我們一無所有。」

如果談到不知道未來何去何從，令他印象最深刻的，就是那場回收場的大火。那是一個星期六的早上六點，神父說他聽到消防隊不斷經過自己的住處，正想說怎麼一早就有火災、之後可以去關心一下，可沒有想到警察就打電話給神父說，請他趕快拿打開回收場大門的遙控器。原來那場大火，來自於他們的倉庫。在一個多小時後，火勢順利被撲滅，但什麼東西全部都被燒掉了。他記得那時，有幾位記者問他說，「未來要怎麼辦？」

面對這樣的絕望，他是不能放棄希望的，因為如果自己先放棄了，那麼接下來這麼多的人該何去何從呢？所以，那一刻開始，劉神父決定挽起袖子來做準備。結果，過了兩天，到了星期一的上午，會計很著急地打給他，告訴神父有許多人寄了錢來，說要恢復回收場，甚至有人打來說他可以出力，還有很可愛的妹妹拿著撲滿來，他們都希望能為回收廠的修復進行支援。

在這場災難中，劉神父看見了大家的凝聚力，也把這場火災當作是一個祝福。他不斷地告訴我，自己對於「成為台灣人，且擁有身分證」這件事，感到非常地驕傲。

「我們居住的土地是美麗的寶島。台灣人不但很可愛、很溫暖，也很了不起。」

誠摯付出的「回收神父」

現在在劉神父的回收場內，走進去就能看到一面瓶蓋牆。這些瓶蓋代表著回收物品排出的圖案是海浪，海浪上有寶特瓶、鐵鋁罐在飄。根據荒野保護協會每年與黑潮合作的淨灘活動發現，在淨灘時被找到最多的廢棄物品，就是寶特瓶蓋。而牆面上也做出了劉神父在海上漂流的形象，代表了神父從法國坐船，一路飄洋來到台灣的寓意；同時也代表著，希望我們能保護大自然、跟它們成為朋友，與之和平共存的期許。

劉神父與瓶蓋拼成的海浪牆合影。（掃描此照片產生 AR）

而這些回收物，都是由附近的部落、街道，甚至再往南的關山等地而來。透過四部大貨車運送，每天早上、下午各一趟，經常很快，兩三天就能夠載滿了。因為進行回收工作，開始有人稱呼劉一峰為「垃圾神父」。他表示，可以稱他為「回收神父」，但垃圾神父就不行了。

起初劉一峰神父剛來到台灣時，遇見了顧超前神父，在富里鄉設立了安德啟智中心。然而，由於空間不足的緣故，他們便輾轉搬來玉里。

「我的老朋友啊，你走得太快了。快得在很多人開始認同我們時，你就走了。」

神父撫摸著顧神父的紀念碑，似乎有很多往事湧上心頭。也因為顧神父在一九九九年離開了，他便接下了現在這些工作。

「我要跟隨他的腳步前進。他快要離開這個世界的時候，常常跟修女開玩笑，因為他知道自己要離開的時候快到了，可是他還是保持著樂觀的態度。面對任何事，我都會跟他說，我也要向他好好學習。」

劉神父也認為，在台灣，無論是哪一個民族都很棒，客家人、阿美族人、布農族人，每當有人和他分享自己族群的文化，他都非常地欣賞。

在下一章介紹到的超人吉雷米，最初也正是從法國來到花蓮，跟著劉一峰神父做了兩年志工，與劉神父學習台灣語、阿美族語和布農族語；更用法語為這幾種語言寫成書，去進行推廣、保存。

劉一峰神父的微笑，來自於誠心為其他人付出的想望，那真實的喜悅，由彼此的分享、付出而生。為此，我也要來學習他的精神，體會無我、自在付出的快樂。

02 法國身，台灣魂
——吉雷米

曲導：「吉雷米的人生眞的非常豐富，請說說您到台灣以後，所謂的『三個人生』是什麼呢？」

吉雷米：「第一個人生，是我二○○六年剛來台灣當國際義工的時候，那時候是在花蓮劉一峰神父那邊，照顧有精神障礙的小朋友。劉神父是個了不起的人物，他把一生獻給弱勢族群，也是我的好榜樣。在二○○九年，要回去法國那天，我在電視上看到小林村被滅村，很多人喪生，我決定離開台灣之前，要先去救災。第二人生就是決定要住在台灣，於是開始接觸跑步，沒想到變成在台灣知名的馬拉松選手。而我的第三個人生，就是我的現在，搬到南部，也就是海邊。大部分的人陪我講台語，是非常幸福的。」

曲導：「請問您覺得該如何保留我們的傳統文化？」

吉雷米：「要先認同這個文化，不要覺得外國的月亮比較圓，外國的東西比較好。我覺得要先對自己的文化有意識，只要你認同它、喜歡它，要介紹給外國人就會變得比較容易。」

八八風災，成為開啟第二人生的契機

吉雷米，來自法國，他是馬拉松選手，也是台灣電視節目主持人。他會講法語、普羅旺斯語、英語，還會台語、布農族語、阿美族語。

他在二〇〇六年來到台灣，因為申請當國際義工，來到花東地區的劉一峰神父那邊服務。他到劉神父的啟智中心，協助照顧有精神障礙的小朋友。令他好奇的是，每次聽到神父講電話，都是用不同的語言跟人家對話。他進而去了解，原來台灣有十六種以上的族群，他開始跟劉神父學了布農語跟阿美語，也蒐集了很多資料。

吉雷米用法文寫了三本書，介紹布農語、阿美語以及台語，同時將原住民的文化介紹給法國人知道。他的第一本書，介紹布農族的文化與風俗習慣；接著在第二本，介紹阿美族的語言與文化；最後，就是介紹台語。他的想法很單純，認為母語就是文化的根，如果忘記母語就等於把根拔去。他與我分享的這句話很棒：「沒有難學的語言，只有沒有心去學的人。」當我們用心去學、去了解，就不會找藉口說它太難了。

在二〇〇九年，吉雷米準備要回法國時，剛好來了一個莫拉克颱風，延誤了他的行程。這個颱風造成了八八風災，他在電視上看到很多人因此喪生、家園也遭到破壞，於是他下定決心，在離開台灣以前，挽起袖子，投入救災。

當進入救災現場的時候，他看到土地的滿目瘡痍以及許多人的悲痛，不怕痠痛與自己摔傷，他堅定了自己對這塊土地的情感，下定決心留在台灣守護這塊土地。他自稱這個浪漫的想法，讓這場天災也改變他的人生。

接著，既然決定要住在台灣了，他不僅搬到台北，也開始接觸跑步。在決定跑步環島的兩個禮拜間，他一共跑了一千一百一十一公里，繞了台灣本島一圈，參與台灣各地大大小小的賽事。

「我常常聽到其他台灣人說台灣很小，但如果你願意自己去體驗每一個鄉鎮，台灣一輩子是看不完的。」

吉雷米訴說他與三太子的緣分，來自他在新店參加的一場超級馬拉松比賽。

他在舞台那邊，看到一個人套上了三太子在表演跳舞，本來以為他是什麼卡通人物或吉祥物，直到有人告訴他，這是在台灣非常具有代表性的神明。

這個印象在他心裡種下一顆種子，他心血來潮決定要做一個挑戰，就是揹三太子環島。

這個想法萌生之後，他去找廟裡的主委，起初主委以為他只是揹一下三太子，很爽快地答應讓他合影拍照。直到吉雷米問主委，能不能夠揹著祂跑步環島。

主委那時嚇了一跳，他說吉雷米是天主教徒，恐怕要問過神明的意見，於是請吉雷米要先擲筊，結果他擲出了三個聖杯。

吉雷米與三太子合影。（掃描此照片產生 AR）

揹著三太子環島

這時主委才說，其實三太子已有指示說過陣子要環島，但一直苦無人力，所以這個想法就擱置著，沒想到三太子的旨意是由一個外國人揹祂環島。

於是他很開心地就帶走了三太子，但不到一天就後悔了。因為那座三太子是最傳統的款式，重量有二十五公斤，等於揹上了一個七歲的小朋友那麼重。對於一般人的身體而言，這是非常大的負擔，視線只能從三太子的嘴中看出，呼吸也只能從這個洞口進行，所以裡面很悶。但他認為神奇的是，當他在感到辛苦吃力的時候，這時的感覺已經不像是自己在揹三太子了，反而像是三太子在扶著他往前進。這一路，便跑了將近二十八天。

更有趣的是，當吉雷米每次想要放棄時，所到的每個地方，都會有當地的跑友來陪跑，一邊一起幫他扛三太子。

吉雷米甚至覺得，如果當時沒有這些人，是自己一個人揹祂環島，可能就很難繼續堅持下去。

而到了台南的時候，吉雷米遇到了一個女生來陪跑，那是小乖，後來成了他的老婆。

熱愛台灣與原住民文化的吉雷米，希望能讓外國人知道台灣是多麼豐富、多麼棒的地方。

「最難是跨出第一步，
可是你只要跨出去了，
後面都會很順利，
所以遇到什麼困難不要怕就去往前跨步。」

來到南部的吉雷米，自稱這是他的第三個人生，現在的人生可謂是非常幸福的。吉雷米用雙腳去閱讀台灣，對台灣的傳統文化非常感興趣，認為如何讓下一代知道我們台灣人有這些文化，是非常有意義的。他想起許多帶著自己成長的神父，認為應該要用這樣大公無私的精神，獻給需要的人。

人生就像是一場馬拉松，堅持到底、永不放棄，馬拉松的精神就是這樣一路往目標前進。

吉雷米告訴我，來到台灣服務之後，他獲得了很大的改變。幫助一些有精神障礙的小朋友，也想去推廣台灣與原住民文化，讓外國人知道台灣是多麼豐富、多棒的地方。

這份純粹的心讓他成長，並且變得更勇敢，希望能把這樣的能量分享給更多的人。

03 任重而道遠，他鄉變故鄉

——吳道遠

曲導：「神父，您遇到困難時都怎麼解決？」

吳道遠：「身心障礙的朋友是我們最好的老師，因爲他們要面對的狀況，有的是不能走路、有的是不能講話，有的是看不見。你去想一想，如果你遇到了這些問題，你能夠去克服嗎？再回想到我們的遭遇，就會發現這都是很小的問題了。我們可以很快地放棄，但身心障礙朋友的故事，就是在告訴我們不要放棄，我們做得到你也做得到。」

曲導：「所謂一個信仰的力量，或許對我們來講就是『愛』。我覺得陪伴也很重要，您如何用愛、用陪伴，去面對身心障礙的朋友們？」

吳道遠：「對於我們來說，陪伴，是及時給予人們支持與幫助。比方以獨居老人來說，他們需要有人去關心他們，而我們的社工去幫助他。這不是什麼了不起的事，但我們可以向別人敞開自己的心，看見他們的需要，給他們一些幫助。」

能在台灣五十年，非常幸福

吳道遠神父來自瑞士，在二十八歲時來到台灣。他在台南成立早療中心，透過「表現畫」的藝術，幫助早療的孩童與青年；用體適能與社區服務的方式，去照顧社區的老年人。從吳神父的笑容到他爽朗的笑聲，可以感受到他用非常樂觀正面的態度在面對任何事情。

神父的名字「道遠」，如同我們常說的「任重道遠」。他常開玩笑說自己是從很遠的地方來的，所以叫做「道遠」。姓「吳」的原因，來自一個誤會，因為他的外國姓氏是 Peter，名字是 Hugo，但中文姓名與英文的次序是顛倒的，其他人以為 Hugo 是他的姓，所以都稱他為「吳」，吳道遠的名字就是這麼來的。

吳神父的家鄉瑞士，跟台灣有著許多相似的地方。比如兩邊都是非常美麗的地方，都有很多的山，土地面積也都不大。他說，瑞士比台灣大一些，不過人口只有台灣的一半，所以在台灣這個小地方，有那麼多的人可以在這裡過

神父常開玩笑，因為自己從很遠的地方來的，所以名字叫做「道遠」。

著平安幸福的生活，他覺得很棒，自己非常喜歡台灣，也很高興能夠在台灣服務。

神父已經八十歲了，從民國六十年九月來台至今，也有五十幾年了。吳神父很驕傲地告訴我，「我是台灣人，不標準的台灣人，我很喜歡這個地方。能夠在這裡度過生命中的五十年，我非常幸福。」

「只有不會教孩子的老師，沒有教不會的孩子。」

吳道遠神父來到台灣後，先到台師大讀美術系，同時在教堂裡服務，一邊工作、一邊讀書。畢業之後，吳道遠神父來到澎湖的教會服務，剛好也至當地惠民啟智中心做益智中心的志工，教小朋友畫畫，這個階段對他的人生來說非常重要。

吳神父與服務機構的孩子們合影。（掃描此照片產生 AR）

在那裡，吳神父頭一次跟心智障礙的朋友們一起互動，接著在每個禮拜的志工時間裡陪伴他們。

他陪伴他們做美勞、教他們畫畫，在澎湖服務了十三年。在澎湖的第十三年，吳神父接到了台南主教打來的電話，說台南這裡有個瑞復益智中心，當時的主任甘惠忠神父要回美國了，需要他來接替甘神父的工作。

神父說那時他先是嚇了一大跳，之後告訴對方自己很喜歡澎湖，不想這麼快離開。在這麼答覆的同時，其實吳神父也擔心著，要管理一個中心，或許自己沒有什麼經驗，無法適當地承接、經營。然而最後，他還是答應了對方。

再後來，由於該機構內的人數已然超載，早療中心又不能完全都附設在一個身心障礙單位下，他們才成立了「美善社會福利基金會」，以這個名義繼續服務。

教育，就是一起成長

美善社會福利基金會提供了許多不同類型的服務，包含關懷長者、幫助小朋友以及青年；其中，對於成年人的服務又有三個工作坊，包括社工、早報人員、心障人員與治療師等等。

機構還有一項比較特殊的服務內容，就是為臥床的人沐浴。那些臥床的人，因為家中沒有適當的設備，機構的工作人員就會協助他們洗澡，不只是擦乾，而是真正的洗澡、泡湯，讓他們能更舒服地生活。

吳神父告訴我，許多身心障礙朋友需要的，不是同情他們的處境，而是給予他們更多的尊重與接納，希望我們將他們看作是一般人。

身心障礙朋友就算不方便，仍努力地克服那些困難，這令吳神父十分地感動。

所以他常告訴其他人，這些身心障礙者是我們最好的老師，也是我們的社會所需要的人。

「愛，是向另外一個人敞開自己的心，完全地尊敬他。
陪伴，就是完成另一個人的需要。」

吳道遠神父也是一位非常有耐心的老師，帶著孩子一起成長，他相信對於孩子自信心的培養，也是非常重要的。

神父與我分享，他非常高興能看見這些孩子的改變；更欣喜的是，來自孩子的小小改變，甚至能夠影響到整個家庭。

所以他對於教育的定義，簡單來說，就是「一起成長」。孩子學到的東西，成人們也能從他們身上學習。

像神父帶領那些青年朋友繪製的「表現畫」，就是希望透過畫作，讓他們自然地表達自己內心的感受。在繪圖時，每一位朋友都顯得非常自在，也非常有信心。

如同吳神父的口頭禪：「尊嚴，人人擁有。」他認為每個人的生命都一樣寶貴，所以我們應該尊重、適時地幫助其他人。

在世界上有著各式各樣的人，或許有些人出生下來便與其他人有些不同，經濟狀況也有所差異，但每個人都應該得到尊敬，因為每個人都是獨一無二、一樣寶貴的。

04 蘭陽舞蹈團創辦人、童玩節推手
——秘克琳神父

曲導：「神父您來到台灣，在宜蘭生根之後，是否有遇到過什麼困難？怎麼去解決？」

秘克琳：「我不怕困難，有一個目標，我就一直向前，一路向前想辦法走到成功。因爲我帶團就是代表台灣出去，不能碰到困難就回來了。我都會好好準備，呈現出最好的表演。」

曲導：「爲什麼您要帶著這一群孩子，到世界各地去表演呢？」

秘克琳：「我有一個目標，是讓大家都能看見台灣，不怕任何當時外交上的阻礙。台灣需要有人做這件事，而我則是用自己的方式來做。讓世界看見台灣，讓孩子看見世界。」

美力台灣

幫助孩子走向世界

秘克琳神父來自義大利，二十九歲來台之後，成立蘭陽舞蹈團，是宜蘭童玩節的重要推手。他是第一位以文化藝術貢獻取得身分證的外籍人士，神父透過孩子的舞蹈藝術，讓世界認識台灣。

最初來到台灣時，秘克琳神父先到了新竹去學中文。那時候因為物資沒有很豐富，剛到台灣時又有點水土不服，得了胃病，哥哥都會從義大利寄藥過來給他。學完中文以後，神父便來到了羅東。他一開始便在聖母升天堂駐堂，那時，他就計畫要做跟所有神父不一樣的事。

為此，他的同儕、其他的神父都抱持著反對的態度，於是秘神父就一個人成立舞蹈班、籃球隊、合唱團等，讓天主堂變成一個有活力的地方。盡量吸引年輕人一起加入，希望小孩在下課之後，來到這邊學習。他更創辦了蘭陽青年會，邀請蘭陽育樂中心一起來買這塊地。

「我想幫助台灣，在國際上能夠走出去。」

神父尤其對舞蹈教育非常熱衷，那時他告訴同仁說，台灣的外交是很困頓的，神父就想到用「蘭陽舞蹈團」的名義走出去。神父是非常宏觀且具備遠見的人，神父知道如果孩子沒有開眼界，會以為世界就是這麼大。所以他想辦法來引進國際性的舞蹈團體來台灣表演。因為這個起心動念，他推動了宜蘭國際童玩節的誕生，童玩節走到現在是二十幾年的歷史，秘神父的貢獻實在功不可沒。再加上神父又是聯合國教科文組織轄內的國際民俗藝術節協會（International Council of Organizations of Folklore Festivals and Folk Arts，CIOFF）的代表，神父透過這個管道，邀請世界各地的民俗舞蹈團體來台表演。

除了邀請各國的表演來台之外，蘭陽舞蹈團也跑遍了世界非常多的地方，每次成功表演完之後，那股感染力都讓觀眾的心與舞者相連一起。到現在，神

秘克琳神父與蘭陽舞蹈團的老師、孩子們合影。（掃描此照片產生 AR）

父也會教孩子們去親近自然的小動物、教他們種菜，希望讓他們從小學習到怎麼尊重這些來自自然環境裡的生命。

而教他們種菜，神父沒有使用肥料，希望讓孩子能夠從環境開始感受、充分學習，從上到下地傳承這些文化與民俗技藝。

期許有更多人願意在這個領域中持續付出、貢獻。我們在拍攝的過程中，發現孩子們的舞蹈老師，也正是過去舞蹈團的學生，長大後再回來教導下一代的孩子。

這一切都源於一個神父對孩子的愛，看到他與孩子們的真誠互動，非常溫暖且觸動人心。

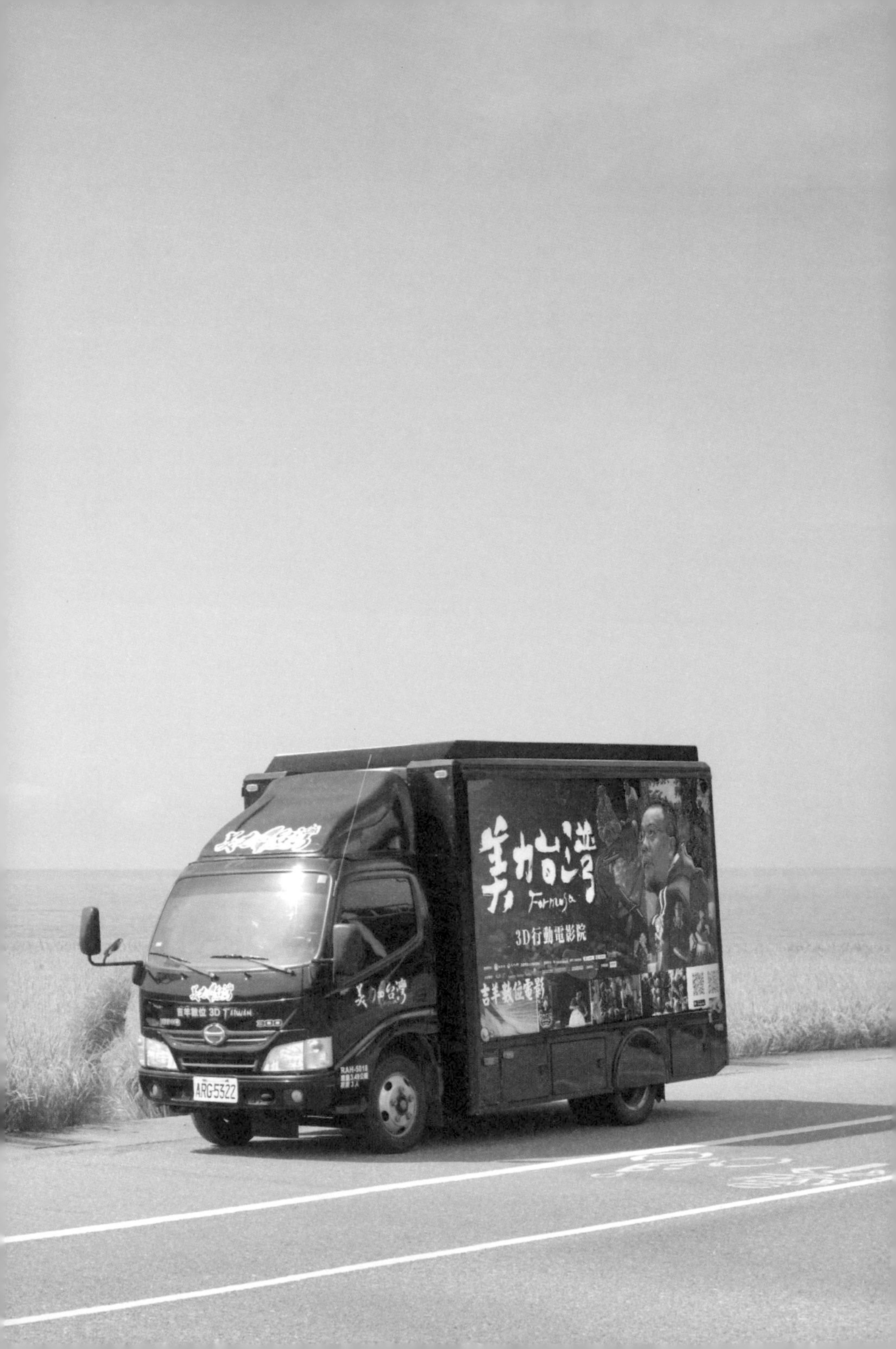
美力台灣
Formosa
3D行動電影院
吉羊數位電影
吉羊數位 3D Taiwan
ARG5322

Part

4

家庭的力量

在拍攝許多超人的過程中，
我們發現家庭教育往往影響一個孩子的性格養成。
如果遇到身心障礙或弱勢的情況發生，
父母必須走得出來，
才能帶著孩子們繼續前進。

家庭關係是需要經營的，現代人工作繁忙，經常有許多家長缺乏與孩子相處的時間，導致孩子遇到事情不曉得如何對父母開口，父母也不清楚孩子們在想些什麼。而有時即便回到家中，一些父母依然手機不離手，讓孩子感受到儘管家長回到家了，但心卻不在家中。

有次在演講的問答過程中，有個爸爸問我，可以如何改善孩子到家後不是使用手機、就是直接往房間跑的習慣。我問他，你們回到家中，是否自己也一樣一直盯著螢幕看？

他抓了一下頭，點頭回答説是。

根據統計，台灣的學生有近兩成爲單親家庭。除了單親之外，隔代、外配等，家庭組成也愈來愈多元。家庭往往就是孩子性格養成的關鍵，而在《台灣超人》中，亦有去講述家庭，如何從身教，到做好孩子教育的篇章。

在拍攝許多超人的過程中，我們發現家庭教育往往影響一個孩子的性格養成。如果遇到身心障礙或弱勢的情況發生，父母必須走得出來，才能帶著孩子們繼續前進。

《台灣超人》的故事持續在發生，我們也持續在尋找更多的超人。除了許多閱歷豐富的超人，其中也有幾位年齡較輕的受訪者，他們對於生命的單純與堅持，都讓我在片場了數度紅了眼眶。我看到了利倩，她用老鷹紅豆與她自己的故事，帶給更多學童對於環境與生命的啓示；我也聽到了翊倫告訴我，他的夢想是成爲一位很棒的程式設計師，希望可以透過寫程式，學習他的偶像劉大潭老師，用關懷來作發明，幫助更多需要被幫助的人；還有在竹南的宥米，雖然罹患腦痲，令她沒有辦法正常行走，必須用肩膀支撐全身的力量，但她仍勇敢地緩緩地前進。背後推動的力量，是全家人樂觀看待的心，這是多麼地不容易！後來宥米跑向了世界，拿了非常多的冠軍，飛向了夢想。

這些超人們不僅自己超越了困難，更可貴的，是有整個家庭陪伴他們一起挺身而出，讓他們擁有了面對困境的勇氣與力量。

01 身教，言教

——王志揚

曲導：「寫書法要有扎實的底子，那是要花上很多時間的。看到您有很多的個人創作，想請您與我們分享一下，平時您都是如何去扎實練習書法的。」

王志揚：「大自然就是我的老師，比如說我家住海邊，小時候到海邊，我可能會因爲喜歡寫字，看到一根樹枝或者一顆石頭，就拿起來在沙灘上書寫了。因爲我寫起來很快樂，寫一寫之後，海浪一來，把沙子又恢復到原狀，我就繼續寫。寫字，這是很快樂的。」

曲導：「我知道您很喜歡閱讀，您是怎麼教您的女兒閱讀的？也請您與我們分享您對孩子教育的觀點。」

王志揚：「我一直覺得，教育就是『被看見』這三個字。意思是說，我們父母自己做了什麼事，我們的孩子就會跟著模仿。因爲父母親做對了，孩子就做對了。只有你做到了『身教』，你才有資格『言教』。」

走過生命的轉彎處

王志揚是位書藝家，寫的每個字都有靈魂，透過他的口說，用裡面的故事來延展這些字的生命。我認識他滿多年了，他給我的感覺是很會說話，毛筆寫得很好，漂流木藝術也做得很好。另外，他也是一位單親爸爸，在拍攝《台灣超人》的時候，分享了自己如何去陪女兒禧語成長。我查了一下，近年單親家庭在學校的比例有一六％。對於單親家庭而言，不論對於孩子或家長，這裡頭的關係都值得我們去關注。

與志揚認識，是因為一次到喬大地產的演講，他滔滔不絕地與我分享他的故事，讓我看見他滿滿的熱情。我來到他位於高雄鳳鼻頭海邊的家中，門口放置著許多漂流木，還有非常多的作品，在那些大大小小的名片與廣告文宣中，充滿了他經年累月的練習與筆記。從台北、台中、高雄到宜蘭，美力台灣多次在記者會上，都邀請到了志揚展開書藝表演。他的大字，往往都會獲得全場的讚揚與驚奇。

美力台灣就像是一個磁鐵，彼此因為正能量互相吸引，因而認識了更多的人。非常感謝志揚為我們引介了許多朋友，其中包括小慧姐，他邀請她來到華山的記者會，讓我與小慧姐不再只是神交，更有了相識相惜的機會。

而讓人感動的，是關於志揚的故事。當他的女兒還不到三歲的時候，妻子驟逝了，志揚一個人帶著小小的女兒，繼續往未來的旅途前進。如同志揚常常分享的字——彎。彎，是生命的曲折，是逶迤川流。面對妻子的離世，志揚成了單親爸爸，獨自撫養幼兒。同時，上面的長輩包括生母與養母也都得由他照顧。他必須去面對，去給他們提供一個厚實的肩膀依靠。

當我來到志揚家中，發現他桌上有著一本筆記本，裡頭寫著井然有序、顏色分明的字，原以為這是他的筆記本，後來才知道，這是他孩子的筆記本。讓我相當驚訝的是，怎麼一個孩子的筆記能寫得這麼好？我便發現，他的身教與言教，就是他女兒學習的榜樣，自然而然就能把孩子帶得好。

志揚與我分享，他自己小時候學習寫字的經驗，其實他並沒有特別跟著什麼名師學習，單純是學了基本功之後，不斷地苦練與沉澱。他開始看名家的作品，也不斷在報紙上練習。這或許與他小時候成長的背景有些關係，因為那時住的地方離海邊幾乎只有二十公尺而已，附近又有田、有山。他經常引用蘇東

生命的曲折，如同逶迤川流。面對生命的轉彎處，志揚老師必須提供孩子與長輩一個厚實的肩膀依靠。（掃描此照片產生 AR）

坡的話比喻自己的書寫，「心忘其手手忘筆，筆自落紙非我使。」這段話指的是，忘記自己有手，也忘記了手上有筆，直到拿著筆落紙書寫之後，達到一種渾然忘我的境界。

他常比喻自己就是那支筆，因為把生命跟靈魂灌注在裡面，所以在寫大字的時候，那種專注力會讓整個身體充滿專注的精神與力量。此外，他也用漂流木和毛筆結合，創作一些雕刻的作品。人家常問到他怎麼什麼都會，他會歸因於「千金難買少年貧」，因為這樣的環境塑造了自己多方面的才藝，所以志揚非常感謝，過去那段貧窮的經歷讓他「窮而不困」。

所謂教育，就是單純地「被看見」

多年來，志揚常受邀分享有關親職教育的題目。大部分的人都會詢問志揚老師怎麼教導自己的女兒讀書，他說，其實不必刻意教，所謂教育理念，就是很單純地「被看見」。也就是說，父母親在做什麼事，自己的孩子也會跟著模仿，所以「機會教育」是相當重要的。禧語告訴我，從她開始有記憶以來，一早醒來，或是要睡覺之前，都會看見他的父親坐在書桌前閱讀，十幾年來都是這樣。不知不覺，女兒也就跟著被影響了。就我所感受到的，其實單親確實是非常辛苦的，也正因為是直接經驗者，志揚與他的女兒都不約而同地告訴我，既然這已經是事實，他們就會去適應，把這些情況當作是一種禮物。

當我再問到志揚的女兒，在單親家庭長大，是否有遇過什麼狀況時，禧語

志揚老師的教育理念，就是很單純地「被看見」。父母親在做什麼事，自己的孩子也會跟著模仿，所以「機會教育」是相當重要的。

志揚雖然悲傷，但也投入了更多的時間在藝術創作當中，其中有一項正是漂流木創作。在過程中，最重要的是那些陪著他打開美的眼睛、帶領他尋找美的事物。所謂「天地有大、美而不言」，以那些漂流木而言，它們是許多人不要的物品，可是經過巧手之後，能夠變成一個藝術品。志揚沒有直接教女兒書法，但他會懂得帶女兒去欣賞，在父親的引導下，女兒的字也變得非常漂亮。雖然不是用書法的方式呈現，但禧語工整的字跡，在筆記本上可以略窺一二；在事情的處理上，她自然也會多想一點，把事情做得更好。所以志揚常常鼓勵這些家長，無論如何，一定要找出時間跟孩子彼此互動，多聊聊共同的話題。

02 書屋給孩子一個家

——陳彥翰

曲導：「人生就是不斷地去遭遇各種事情。面對，讓您有了很棒的成長。此時的彥翰，您希望能向陳爸說些什麼？」

陳彥翰：「我覺得生命深刻、短暫而璀璨，爸你是用自己的方式去把它燒完的。用很快的速度，和很大的力量去接觸每一個人。很多人說我跟你很像，也會投注很多對你的期待在我身上，但是我要跟老爸講，我會長出自己的樣子，也滿確定自己在走的這條路、在做的這件事情是對的。我會繼續做下去。」

曲導：「『孩子的書屋』做了很多的事情，讓我滿感動的。今天很高興能聽到您唱歌，那個歌聲也讓我滿感動的。我們要不要來聊一下樂團，以及這些孩子曾有過什麼樣的經歷？」

陳彥翰：

「他們看起來像我的兄弟姐妹們，我們一起在庭院裡面長大，長大以後，我們繼續在自己可以做的事情上找到自信。當他們找到自信之後，覺得那個是一個給予自信、給予關懷的方式。」

從不理解，到體會父親的苦心

陳彥翰，他是台東「孩子的書屋」創辦人陳俊朗的長子，也是台東書屋文教基金會董事長兼執行長，繼承著父親的理念，帶領更多的孩子成長。書屋給予孩子關懷，讓他們擁有自信與溫暖的家，而我與陳爸的淵源，則來自同為普拿疼亞洲區代言人的緣分。原本拍攝普拿疼廣告的片商，說要讓兩位夢想行動家碰面，這個承諾一直讓我掛在心上，然而，一場突然的意外讓陳爸走了。於是我將相約碰面的事記在心裡，下定決心繼續當時未能完成的承諾。在後來《台灣超人》的拍攝中，不僅記錄了「孩子的書屋」，更拍攝了陳爸的孩子。而我也傾聽彥翰的心路歷程，聽他分享從小時候對父親的不理解，到逐漸能體會父親的苦心，進而繼承接班，延續對孩子的關懷轉變過程。

「書屋是一個家，
可以給予孩子們自信與關懷，

是一個可以溫暖心靈的地方。」

二〇一九年七月四日，陳爸離世之後，彥翰就立刻回來接班。原本陳爸安排了五年的接班計畫，但在他離世時，計畫才剛執行不到一年，一切的過程都非常地匆促。而本來彥翰還有個夢想，就是希望考上法官；無獨有偶地，父親過去也有個考書記官的夢想，他小時候還與父親玩著虛擬法庭的遊戲。對於彥翰來說，在有了書屋之後，他總是看著父親的背影，聽著父親在院子裡彈吉他哼歌；而那個院子裡，則有著許多來自不同家庭的孩子。

面對陳爸突然倒下的那一刻，書屋與陳爸的孩子們其實都非常難以接受。因為那時他看起來身體沒有任何的異狀，甚至前一日，還在電話裡討論了當年暑假要去單車環島的計畫。在隔天一早，彥翰突然就接到了表姐的電話說爸「走了」！

剛開始，他還遲疑地問了表姐父親是去了哪裡，以為陳爸只是一時興起展開一趟海外旅行，因為事情發生之前完全沒有任何徵兆，讓他難以接受。但在

彥翰小時候印象最深刻的，就是家裡的庭院中，從五、六個小孩開始，有人寫功課、有人彈吉他、有人在練拳，變得非常很熱鬧。

彥翰真正接受父親離世的當下，心裡是非常混亂的。那時正值暑假，上網根本訂不到任何的機票與車票，自己急忙一邊哭一邊開車，腦海不斷湧現許多與父親相聚的過往，有太多來不及說出的後悔與遺憾。

還來不及消化自己的情緒，彥翰便接到了許多紛紛打來關心自己的電話：「『孩子的書屋』沒有了陳爸，你該怎麼辦？書屋要怎麼辦？」

訊息與來電不斷淹沒彥翰的心。他感到遲疑，以前會有人告訴他，什麼是對的、哪些東西該怎麼做，而看著陳爸留下的東西，他毅然決定繼承陳爸留下的志業，選擇了接班。

選擇接班後，彥翰開始回顧許多父親當時做過的決定與事情。彥翰也老實與我們分享，在長大的過程中，看著爸爸對其他孩子付出的關懷，其實有一種爸爸被奪走的感覺，他的心裡其實是有些怨懟的。但更讓他有深刻感觸的，是在他來到同樣的視角，承擔了同樣的責任、回顧了這些事情時，自己更能夠了解父親為什麼會做這些選擇了。因為如果不這樣子做的話，這些小孩是沒有未來的。

立願提供孩子們同樣的溫暖

彥翰家中的庭院是曬穀場，從一九九九年開始，父親陳爸便在家中和大約五、六十個小孩講故事，而在這些孩子之中，有多位是被家暴，或是家中有其他困境的。於是陳爸就開始了解這些家庭的狀況，發現那些孩子沒有食物能填飽肚子，他便自掏腰包，甚至與麵店、早餐店記帳，自己在家吃地瓜葉配白飯，再配黑糖水。陳爸就是這麼一位非常有正義感的人。

「孩子的書屋」到後來比較有組織化，於是有了「建和書屋」「知本書屋」「溫泉書屋」「美和書屋」和「青林書屋」等，從這些自建的書屋開始，一磚一瓦地展開。這些由大家一手打造的書屋，以關懷與教育作為基本理念，立願每個社區都能擁有一間，目前在當地十四個社區內已達到九間書屋的規模。

「對我來說，書屋的影響是什麼？

是感動的那一個瞬間。
而感動的那一個瞬間，
來自於彼此相聚的溫暖。」

彥翰告訴我，他小時候印象最深刻的，就是家裡的庭院裡，從五、六個小孩開始，有人寫功課、有人彈吉他、有人在練拳，變得非常熱鬧，還有一點汗臭味，大家都像是微光聚集在一起，匯聚成溫暖的陽光。過去那個畫面，便是促使彥翰接班的動力。他告訴我，自己能擁有這麼美好的回憶，使他希望未來也能帶給更多孩子同樣的溫暖。

一開始剛接班時，他真的不知道自己該怎麼做。每天都只有睡兩、三個小時，開車到處募款，也到處去尋求支援協助，一下子時間就過去了。他常常心想，如果是陳爸的話，他會怎麼做？陳爸已經有二十多年的累積，然而他只能做到現在這樣子。一個人在車上的時候，他也不斷地問自己：「在其他人眼中，你只是陳爸的兒子，以你的能力，憑什麼可以接這個班？」

他告訴我，當他看到我的時候，想起了自己的父親。因為我與陳爸年紀相仿，也經歷過開刀手術。生命是很深刻跟短暫而璀璨的，陳爸用自己的方式，照亮更多的人，也加速把自己燃燒殆盡。

期許「黑孩子」能找到理解與希望

黑孩子咖啡，是一間從二〇一六年誕生、營業至今的咖啡品牌，Logo由陳爸親自設計。黑孩子，指的是那些家庭功能不全、無法被妥善照顧的孩子們。黑孩子咖啡不稱呼他們為不良少年或非行少年[1]，而是用「黑孩子」這個詞來定義他們，因為受到傷害而產生的無奈與憤怒，進而被排擠到了角落，他們少了光芒，但仍與其他孩子無異，所以稱為「黑孩子」。在書屋同伴的陪伴下，這些「黑孩子」們得到了理解，也找到了希望。

黑孩子的Logo其實就是熊掌的象徵，那頭台灣黑熊就像是陳爸。在陳爸離開以後，底下這些小熊們繼續守護著下一代，就像是圖案旁邊那一棵樹，不斷

彥翰、孩子們、攝影團隊和書屋合影。（掃描此照片產生 AR）

地萌芽、愈生愈高，從小小株成為一棵大樹，未來就可以成為遮蔭乘涼的所在。

黑孩子咖啡的內部，全部都是由書屋的成員們自己蓋的，包括那時候陳爸有帶過的黑孩子工班。這群工班找了很多不同的廢木、廢材拼裝起來，就像他們找到了自己的價值，而這裡所有的產品與畫作，也都來自於這裡的孩子。

1 編按：指十二歲以上未滿十八歲觸犯刑罰法律或有觸犯刑罰法律之虞的少年。

書屋每年會有一個重頭戲，就是環島。從十幾年前開始，陳爸便帶著大家單車環島；接下來在二〇一六年開始，每兩年會做一次獨木舟環島，未來也規畫透過熱氣球，以陸海空三種方式挑戰環島。

「生命是很深刻、短暫而璀璨的。我也滿確定自己在走的這條路、在做的這件事情是對的。我會繼續做下去，長出我自己的樣子。」

彥翰回想，從國小開始，他每天都要凌晨五點起床，讓陳爸會帶著他站樁練功。這個過程不只健身，也讓他學習到自律的重要，讓他可以學會用非常正當與穩固的心境，去面對各式的挑戰，同時守護自己與身邊的人。

陳彥翰在二十八歲時接下了父親的遺志，必須去想辦法延續「孩子的書屋」，讓偏鄉的孩子能夠有閱讀、學習的機會，並且找到自己的價值；更有許多他們所謂的「黑孩子」們，也必須及時出手，提供他們協助。

正因為接下了陳爸的重擔，彥翰也才能更加理解自己為什麼要去做這件事情，所以我們也祝福彥翰，希望他能夠繼續陪伴這些偏鄉的孩子，讓這些孩子能夠在自己的生活與夢想上找到屬於自己的價值。

03 向命運微笑的小巨人——孫翊倫

曲導：「翊倫，爲什麼你游泳游得這麼好？」

孫翊倫：「我游泳主要的目的是爲了健康，爲了要繼續活下去。因爲我的肺活量比較小，所以透過游泳來增加我的體力。如果在陸地，做很多動作都需要別人幫我，但如果是在水裡游泳，我可以透過仰式移動，同時達到復健的作用。」

曲導：「請和我們分享，什麼叫做肯定？」

孫翊倫：「其實我從小就時常會遇到別人用嘲笑或是異樣的眼光看我，然後我就會抱持著一個想法，那就是不要讓人家瞧不起我，可以做到哪裡，我就盡量去發揮。有句話叫『花若盛開蝴蝶自來，你若精彩天自安排』，我認爲人就是要活得精彩一些，要自己先幫助自己。」

美力台灣

可以做到哪就盡量發揮，讓人生過得精采

翊倫讓我印象最深刻的地方，就是他的笑容。

他的病症來自於脊椎側彎，導致他的器官受到壓迫，這個病因至今仍查不出來。翊倫的家人尋求了非常多的醫師，因為無法具體說明這樣的身體狀況，當時也沒辦法申請相關的補助。

這件事曾經讓他的家人非常糾結，因為沒有病名與病因，只知道翊倫生下來就跟大多數的人不一樣。

然而，儘管翊倫的身體沒辦法好好地運動，這仍無損他的聰明才智。因此，當翊倫看到了台灣發明大王劉大潭老師的故事，他便告訴自己，不要因為身體跟其他人不同而放棄自己。他可以做的，就是培養自己的專長，進而去幫助更多的人，並且，要在幫助他人之前活下去。

現在就讀高雄福山國中的翊倫，每天必須要做的事情就是游泳，透過游泳，讓自己能夠好好地活下去。

在水中，他感受到自己能夠無拘無束地活動，可以看到屬於自己的天空。

在水中，翊倫感受到自己能無拘無束地活動。（掃描此照片產生 AR）

他也喜歡台語，儘管參加語文競賽，經歷過許多次的失敗，他仍不斷再接再厲，最後獲得了國中組閩南語朗讀比賽的特優。

「很多人叫我『一輪』，
但是我想要把生命活成四輪！」

雖然翊倫受到了身體的限制，但他告訴我：「導演，我希望透過寫程式，幫助更多需要幫助的人。」一看見他的成長非常不容易，儘管身體不便，翊倫仍願意去精進自己、幫助更多人，這也讓我深切地反思與反省，我想我們都應該向他學習，抱持著一顆助人的心、多多去關懷別人。

接觸到科技教育競賽，讓翊倫了解到，原來自己也是可以去幫助他人的。過去看到劉大潭老師，同樣遭遇到身體不便的困境，仍能夠做出那麼多發明的故事，也令翊倫感受到十分被激勵。因此，在拍攝完之後，我與團隊一起

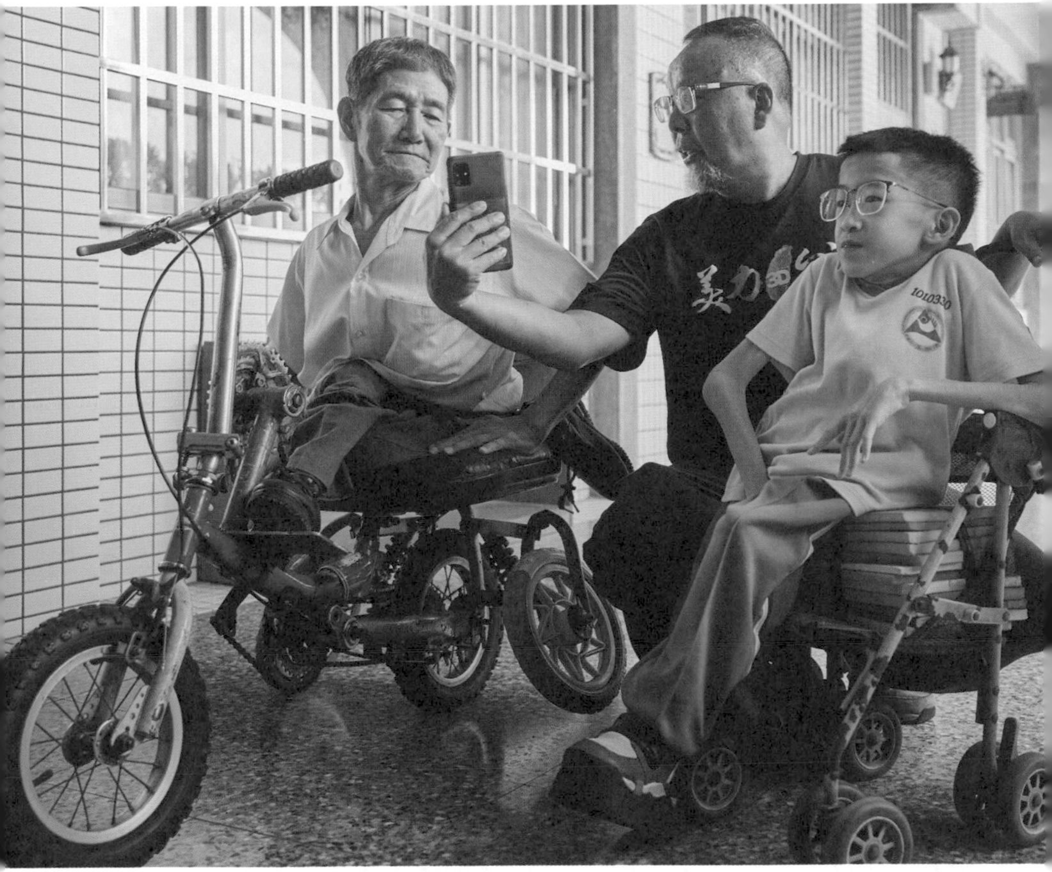

翊倫與劉大潭老師、導演合影。

集資買了一台電腦送他，希望能夠幫助他完成這個幫助他人的夢想。

「『行動』的這條路，
對我而言是封閉的，
但我仍可以去發揮我的興趣與專長，
把這條路走下去。」

升上國中後，翊倫也開始愈來愈在意外在的眼光。於是他慢慢開始練習，學會用平常心對待，不管人家說什麼，都用微笑帶過。

他與我分享了一首台語詩，是他寫給總是陪伴在他身邊的媽媽的，因為他身體的緣故，包括每天騎著車載著翊倫上下課，母親幾乎必須時時刻刻陪伴在他身邊，萬一身體上有什麼狀況都可以即時去應對，而這也必須花費大量的時間與專注力。翊倫寫下這首〈阮的約束〉，當我們攝影團隊聽著他朗讀這首詩的時候，每個人都紅了眼眶。

翊倫在詩中寫道：「伊的白頭毛，是年歲的影跡／伊的跤骨，是走從的記錄／伊的皮膚，是歲頭的皺痕／伊自少年就足無閒／無閒趁錢，無閒扞家／無閒顧我這个袂行的／袂行，毋是袂曉行／是想欲嘛無法度行／雖罔，袂行／毋過，堅強活落去較要緊／伊，就是我的阿母／伊佮我約束／後世人換我做伊的阿母。」他說，很感謝他的父母不放棄，努力地在幫他找尋人生的出口，讓他能夠長大。

他想走，但沒辦法走，在身體上有太多不方便了，所以約定在下一輩子，換自己去照顧他們，這份單純的感謝之心，非常令人動容。

04 身著「美人腿」的馴鷹少女——沈利倩

曲導：「我看著你走在那段凹凸不平的石頭路上，用你的『美人腿』，很穩地去走好每一步路。你要不要跟大家分享，對你而言，一步一步慢慢走，以及跌倒了繼續往前的意義？」

沈利倩：「一步一步慢慢走，就是爲了不要跌倒。然後就算跌倒了，我覺得還是可以重新再站起來，拍拍屁股，繼續往前。我曾經跌倒過很多次，但媽媽告訴我說再站起來，繼續往前就好了。我也哭過，但我的家人帶著我跨越了畏懼與逃避。」

曲導：「那在你學會勇敢的過程中，是否有同學，或者是其他人，對你說過不禮貌的話？」

沈利倩：「我在國中的時候有受過同學霸凌，尤其在國一、國二的時候，他們用『跛腳』稱呼我。我印象最深刻的是，媽媽告訴我，不用去在意別人的眼光跟言語，做好自己就好，因爲我的美人腿就是最獨一無二的。當時可能年紀還小，還沒有聽懂這句話背後的意思，隨著長大，愈來愈明白，也繼續往前走。」

從馴鷹的過程學習勇敢

沈利倩，目前就讀清華大學特殊教育學系，因為從小擁有特殊生身分的緣故，希望能夠進入特教系，幫助更多的特殊生。目前她跟沈爸爸固定帶著老鷹紅豆進入校園，做生命教育、友善環境的宣導，與提供保育觀念的課程。

利倩出生時，身體長滿了紫色的斑點，在那個危急的時刻，她經歷了化療與骨髓移植，才順利保住了性命，但也因此必須讓右腳截肢。從小她便開始練習穿著義肢，她們一家人把這稱為「美人腿」，希望讓利倩帶有自信，而不認為那是一種殘缺。

利倩認為，這個美人腿其實就等同於自己生命的一部分，可以跟大家一樣去運動、跑步，或是騎腳踏車、溜蛇板。但是在利倩小的時候，她的父母親總擔心她出去會被異樣眼光的歧視，所以利倩出門時總讓她穿著長褲，讓別人看不出來利倩與一般人有什麼不一樣。而現在的利倩，則可以勇敢地穿著短褲，展現最有自信的自己。

特別改變她的，來自於國小三、四年級的班導鄭朝雄老師，對方沒有把自己當成特殊生對待，反而是一視同仁，教她去運動，闖蕩很多新的運動領域，像是溜蛇板、溜滑板，甚至是騎腳踏車。

「一步一步慢慢走，就算跌倒了，
還是可以重新再站起來，
拍拍屁股，繼續往前。」

勇敢，並不是與生俱來的，很多時候也需要父母一邊的陪伴、支持，才能讓自信心慢慢建立起來。而每個父母都希望自己的孩子能過得健康，我看到很棒的一點，是利倩的父母願意陪著孩子一起走出去。拍攝那天，我看見利倩走得很辛苦，每一次告訴她，「利倩，我們再走一次」時，其實我的內心真的非常不捨，但在這過程裡面，我也看到利倩的父母，真的把孩子教得很好。

利倩的父母會陪著她一起走出去、一起看世界。我相信，當父母做對了，

笑開的利倩與最支持她家人及老鷹合影。

孩子就做對了。利倩透過馴鷹的過程，讓自己真正地理解到什麼叫做勇敢。當父母接受了，孩子就會接受；當父母願意面對，孩子也能夠去面對。

「我應該帶著更大的勇氣，
去分享我的生命故事讓更多人知道，
讓那些不理解的人都能去理解，
也讓他們可以變成我的朋友。」

利倩與我分享了「老鷹紅豆」的緣由，這要從她在國中時，爸爸開始養老鷹說起。剛開始她自己也會害怕，不曉得如何面對老鷹這種兇猛的動物，但後來跟著爸爸一起長時間地陪伴、訓練老鷹，之後便覺得老鷹就好像是自己的家人一樣，自己也戰勝了最開始的恐懼。

利倩告訴我，她在經歷國中被霸凌的事件後，其實能夠慢慢去體會到，事

利倩說，跟著爸爸一起長時間地陪伴、訓練老鷹，之後便覺得老鷹就好像是家人一樣，最後自己也戰勝了一開始的恐懼。（掃描此照片產生 AR）

情的發生後面往往有很多的原因。那些霸凌她的人，有些是無心的，因為不認識、不理解、無法同理，甚至是因為沒有自信。因此，利倩希望能夠更勇敢地，站出來分享自己的故事。

當他們透過老鷹進入校園，帶領巡迴課程的時候，發現生命教育、友善環境跟保育觀念，其實都與時下的議題息息相關。

於是，利倩用文字，記錄了自己的生命故事與上述的議題，結合她父親的美術專長，合作創作出了這本《老鷹紅豆的故事》的兒童繪本。

05 跑出世界競速冠軍的小太陽
——姚宥米

曲導：「你認爲什麼是『永不放棄的挑戰』？」

姚宥米：「想做什麼事情，都不要半途而廢，把它做到底。」

曲導：「剛剛你説，想要影響更多身心障礙的朋友、讓他們走出來。你覺得要怎麼做，才能順利走出來。」

姚宥米：「我覺得走出來要能夠勇敢，且不輕易地放棄。如果你想做到什麼，只要堅持到底，就沒有人能夠阻止你。」

曲導：「看到你拿了很多的獎，想問你覺得跑步辛不辛苦？」

姚宥米：「其實跑步的過程中，有時候雖然很累，不過在場上的我仍然覺得很快樂。」

圖為小米與父親姚宗元合影。（掃描此照片產生 AR）

可以流淚、生氣，但不能放棄

小米的阿媽告訴我們，當他們知道小米的症狀之後，便跟阿公說好，要全家人一起支持她，也支持媳婦與兒子，希望小米有話能大聲說出來，不要怕自己表達不清楚。小米的父母也是，從小便教導小米學會主動接觸各項事物，什麼事情都不能輕言放棄。小米說，雖然媽媽有時候很嚴格，但她知道這是為她自己的未來好。

小米的父親也因為看到她不能自主行動，所以找到了競速車，為了教會小米，自己也跑去學習如何操作，甚至成為了競速車的運動教練，希望藉由小米的例子告訴其他的孩子，他們都能夠藉由運動走出來。

另外，如同翊倫在拍攝時希望邀請到劉大潭老師，小米也許願希望能夠看到王蜀蕎老師。因為她知道蜀蕎老師少了一隻手，但她總是不放棄。小米認為蜀蕎老師永不放棄、樂觀的精神，以及堅定的意志力，能夠帶給她許多的正能量與力量。

「希望我能帶著我的努力，讓其他像我一樣腦麻的孩子，能夠走出來。」

小米與家人、導演、攝影團隊合影。

小米的另一個夢想，是成為一位廣播主持人，她希望能夠透過自己的聲音，讓其他人看見世界。因為「用生命影響生命」的概念，她希望大家都可以出來看看這個世界，然後做一些「永不放棄的挑戰」。小米的父母告訴她，所有的美好來自於感恩，這個過程真的非常漫長，但當她走過了這些路，就像她用競速車不斷地前進，過程也曾流淚、生氣。家人的力量讓她向前走了出去，而小米的堅持，也告訴自己不能放棄。

美力台灣
Formosa
3D行動電影院
吉羊數位電影

Part 5

用心「分享」，改變未來

「享」這個字，
我把它詮釋為分享、共享，
有人手心向上，有人手心向下，
透過善與愛不斷地循環。

享受，我又稱爲「分享感受」。在二〇二二年美力台灣的記者會，我把「享」這個字詮釋爲分享、共享。有人手心向上，有人手心向下，透過善與愛不斷地循環。從每一位台灣超人分享的生命故事與感動，到巡演團隊的不斷奔波付出，以及每位支持者的捐助、分享，都是「享受」的過程。當電影車開到每一位小朋友的眼前，他們也與我們分享笑容與喜悅，和支持者與團隊互相「分享」，實踐共享與共好。

在《台灣超人》之中，有許多默默付出與奉獻的人，他們的故事也幫助了更多的人，讓他們有力量去改變自己。我看到黃泰吉教練的故事，他與妻子在九二一地震後來到南投，他用行動去引導孩子們追求夢想並看見希望，不僅教出的選手奪得無數的金牌，更重要的是，這群孩子更懂得珍惜與分享。

而在花蓮遇到的林易超醫師，他投入在到宅牙醫的服務。林醫師說自己在海內外參與過非常多的義診，看著他自己行動不是那麼方便，仍帶著那麼多的器材，到更多不方便出門看牙醫的病患的家中去爲他們服務，令我十分感動。並且林醫師不只是去看牙而已，還帶著他們祈禱，期許爲病患家屬的心裡帶來溫暖的安慰。

杜英吉醫師是屏東最年長的耳鼻喉科醫師，執業超過一甲子，創立了迦南身心障礙養護機構，照顧許多老憨兒。更讓人感動的是，他與自己的孩子、孫子、孫女，一家三代投入在這個「家族企業」，打造了這個溫暖的家，幫助許多弱勢的家庭，呼應了杜英吉擔任醫師的初衷：「當醫生就是希望幫助人。」

我也看到姜義村教練，因爲實習的緣故接觸到腦麻的孩子，在「努力就能翻轉人生」的信念受到挑戰後，迎來了生命的轉折，決心推動身心障礙適應體育，以及身障運動平權。讓孩子們與朋友們，也能參與學校的體育課程，一同加入運動的行列。

受訪的超人們時常告訴我，他們不希望被憐憫，或者是以悲情的角度去看待世界、看待自己。要用開闊的視野與心胸看待這一切，甚至透過自己的影響力幫助更多人，就必須先走出去，與懂得「分享」。看見黃教練、林醫師與杜醫師用心「分享」的過程，期許你我也能接收到這些故事裡的溫暖，讓善與愛的循環能夠延續下去。

01帶災區孩子圓夢的空手道教練——黃泰吉

曲導：「教練希望透過空手道，教孩子如何面對人生？」

黃泰吉：「空手道其實它最主要的精神就是面對挫折，像是訓練、比賽的過程中，唯有面對挫折，才可以找到未來的人生目標。就像我們剛到南投時的第一個標語：『只要你永不放棄，只要活著就有希望。』」

曲導：「請您與我們談談打開視野的重要性。」

黃泰吉：「我認爲學生需要走出去，讓他看到全世界。我認爲什麼都可以等，但是教育不可以等。青春年華就是最頂巔峰的時候，這一段期間，沒有給他視野，他就沒有目標；沒有給他資源，他也永遠不會拿到金牌。」

糸東会

空手道不只是運動，也是生活習慣的養成

黃泰吉，現於南投縣空手道委員會擔任總教練，也是草屯旭光高中空手道的教練。

他與妻子在九二一震災後，主動到南投幫助偏鄉與清寒的孩子。一九九九年至今，幫助超過千位學生，不僅讓學生順利升學，成績甚至累計超過五百面金牌。且不僅在體育方面，也讓他們在品德、課業上都有所成長。

在我走進體育館前，已經聽到年輕的選手們響亮的叫喊聲。

黃教練告訴我，空手道不只是一種運動，也是一種培養生活習慣、禮儀規範的方式，例如每位選手看到場地時，就要先做敬禮，練習完也要做一個回禮，目的在尊重他人、關心別人。黃教練接著告訴我，他教的也不只是空手道的技術，而是人生上的道理，讓孩子學習到永不放棄，堅持做好自己的每一件事情。

「我當了教練以後才知道，教孩子要用『他們的過程』去教，而不是透過自己的經歷。」

之所以會來到南投，是因為當年在這裡發生了九二一大地震。黃泰吉教練的妻子也是空手道教練，他們夫妻原本一起在台中開設道館，但在那場地震之後，家住南投的學生曾麗如失聯，他們便心急地去找尋學生。

在九二一地震之後，這位學生的家全倒了，他們一家人住在帳篷區。曾麗如看到教練騎著摩托車來找她，她大感意外，竟然有人在這個時候不僅關心她，還從這麼遠的地方來找她。讓這個學生印象最深刻的是，教練不斷地鼓勵她一定要回到學校上課，甚至還偷偷塞了五千元給她，告訴她如果還有需要，也務必跟他說。

在那場地震之後，很多人的人生都改變了。那些哭喊聲與滿目瘡痍的景象，讓黃教練他們夫妻印象非常深刻，也讓他們起心動念要搬到南投，去幫助

九二一地震之後，讓黃教練夫婦起心動念，決定搬到南投去幫助當地的孩子們。

這些孩子。直到現在，曾麗如也成為他們空手道教練團的其中之一，協助黃教練指導下一代。

設立夢想，在學習的過程中才不會放棄

黃教練與妻子討論，因為他們都是熱愛空手道的人，也喜歡陪伴學生，不如一起搬到南投這裡，可以幫助更多需要幫助的人。

在地震之後，黃教練他們展開家訪，深入去了解到許多偏鄉的小孩，有單親、隔代教養的狀況，許多的孩子正是因為認為家人不了解自己在想什麼，便做出自殺、自殘的事情。

在這個過程裡面，黃教練他們不斷負債，但是再看到學生的成長過程，在訓練的時候能吃苦，想拚出自己的成績，便希望找到更多的資源幫他們。

在訓練時，都可以看得出小朋友們實力堅強，但是家庭的經濟狀況可能屬於弱勢。

黃教練與學生、導演合影。（掃描此照片產生 AR）

所以學生來到這裡，教練會提供孩子們吃住，教他們自己洗衣服、晾衣服，養成良好的生活習慣。

「因為你改變了，
整個家庭就改變了。」

黃教練也透過空手道的教育和訓練，讓孩子們學習面對挫折。從白帶練到黑帶，可能會面對很多的壓力，以及一次又一次的失敗，甚至在比賽的過程也可能被打傷，也有可能因為受傷而離開。

黃教練認為，要設立一個夢想，讓心中有一個底，在學習的過程中才不會放棄，不會因為這樣而走偏。黃教練說，慢慢長大當了教練以後才知道，要用「他們的過程」去教他們，而不是用「自己的經歷」，要從他們練習、學習的過程裡面去了解、關心他們，才可以教出一個更好的學生。

「不要因為你在偏鄉，
而沒有設立自己的目標。
要相信自己，
夢想一定會完成。」

黃教練說，什麼都可以等，但是教育不可以等。沒有給學生視野，沒有給他資源，他永遠不會拿金牌。學生們都可以成為南投縣的驕傲，也是我們國家的驕傲。

在黃教練的學生中，現在有好幾位都已經成為國家級的教練。大家都希望培養台灣之光，但必須有人負責基層孩子的培養。沒有人做基層，就沒有奧運的國手，也沒有亞運的國手。

黃教練有許多學生，是他們是到各個部落，請各部落的校長推薦的，他們希望這些優秀的孩子，不要埋沒在山裡面，儘量讓他們勇敢地踏出來，甚至走向國際。

盡管訓練的過程很累、很辛苦，但黃教練仍期許孩子們，能夠將夢想清楚地描繪出來，勇敢前進、相信自己。

02到宅看診的「拐杖仁醫」
——林易超

曲導：「聽您說，從牙匠、牙醫師，到您開始提供到宅服務後，才感受到自己是一位眞正的醫生。想請您分享這之中的心路歷程。」

林易超：「當我有機會去參加校內舉辦的醫療服務團，才發現原來牙科可以提供給民眾如此便利的服務。在我畢業之後，也曾經去國外參加義診，讓我找回了對牙科的熱忱。後來我做到宅服務的時候，也變得不單只是看牙齒，我們也付出正能量，來鼓勵與關懷病人與病人家屬。」

曲導：「請您與我們分享過去義診的經驗。」

林易超：「義診可以說是奉獻付出，不奢求回報，甚至要自己出機票、車馬費的。我們希望能夠去分享愛傳遞希望。另外一個重點，就是要帶著很多年輕人一起出去，因爲傳承是很重要的一件事情。我們讓年輕人看到——透過醫療，讓很多窮困的人得到希望、看到曙光，看到自己並不孤單，有些人願意從很遠的地方跑到這個地方來幫助他們。」

東台灣首位到宅醫療牙醫師

在拍攝《台灣超人》的第一年，我們記錄了目前東台灣首位提供到宅醫療的牙醫師——林易超。特別的是，因為牙科醫師隸屬於外科，每次出去都必須帶著三十公斤重的醫療包與設備，但他卻因為小兒麻痺而行動不便，所以進行到宅醫治的過程對林醫師而言是非常辛苦的。因為自己從小在地上爬行，所以他將到府服務的對象設定為脊髓損傷、中風癱瘓與植物人等，鎖定因為身障與重症而行動不便的患者。

與林醫師的緣分，來自美力台灣３Ｄ行動電影院的一場巡迴放映會。他在看完３Ｄ電影之後，與我分享他的感動，我也從他的故事裡，得到了許多的溫暖與希望。

林易超是一位擁有三十多年資歷的牙科醫師，也是花蓮林肯牙醫的院長。在二〇〇五年，他從彰化搬到花蓮，自稱是一個「新花蓮人」，也是目前花東地區唯一到宅牙醫服務的醫師。

從小，林醫師就被診斷出患有小兒麻痹，在接受義肢治療手術之前，幾乎都是靠著在地上爬行前進的。一直到六歲時，林醫師到醫學復健中心住了大約一年，接受了三次手術，才把扭曲的腳慢慢拉直，接著還要穿鐵鞋以及支架，才能開始學習站立走路。

「我不要去看自己沒有什麼，而是去看自己擁有什麼。我的兩隻手杖就是我的另外兩隻腳，去到很多以前沒辦法去到的地方。」

林醫師告訴我，他剛開始讀國小時，曾誤被安排至啟智班上課。當時的老師是將身心障礙與啟智班放在一起學習的，直到有天，老師在一堂自然課裡面，詢問了一個很簡單的問題：「請問各位同學為什麼會有風？風是從哪裡來的？」

林醫師想到當天的課程主題，不就是教空氣嗎？他馬上舉手，回答「空氣」。老師當時驚為天人，想說怎麼會有同學這麼快速又輕而易舉地知道答案呢？於是馬上安排智能鑑定，發現這孩子智商非常正常。後來林醫師加倍地認真念書，在員林國小、員林國中都是以第一名畢業，也考取台北的第一志願建國高級中學。不過，原本他的夢想是考取醫學系，考到牙醫系的結果，讓他有些失落。在進入了牙醫系以後，林醫師開始參加一些醫療團，到台灣的偏鄉，也到海外舉辦義診。

海外義診的經驗，成為到宅治療的基礎

林醫師告訴我，他第一次到國外義診是去尼泊爾，他們配合教會出團到尼泊爾的波卡拉（Pokhara）山區，那是一個沒水沒電的偏遠地方，非常落後，離首都加德滿都（kathmandu），大概有八、九個小時的車程。他們到了那個地方後，住在當地的一座教堂裡面，就直接睡在地上。當他準備好隔天要開始義診

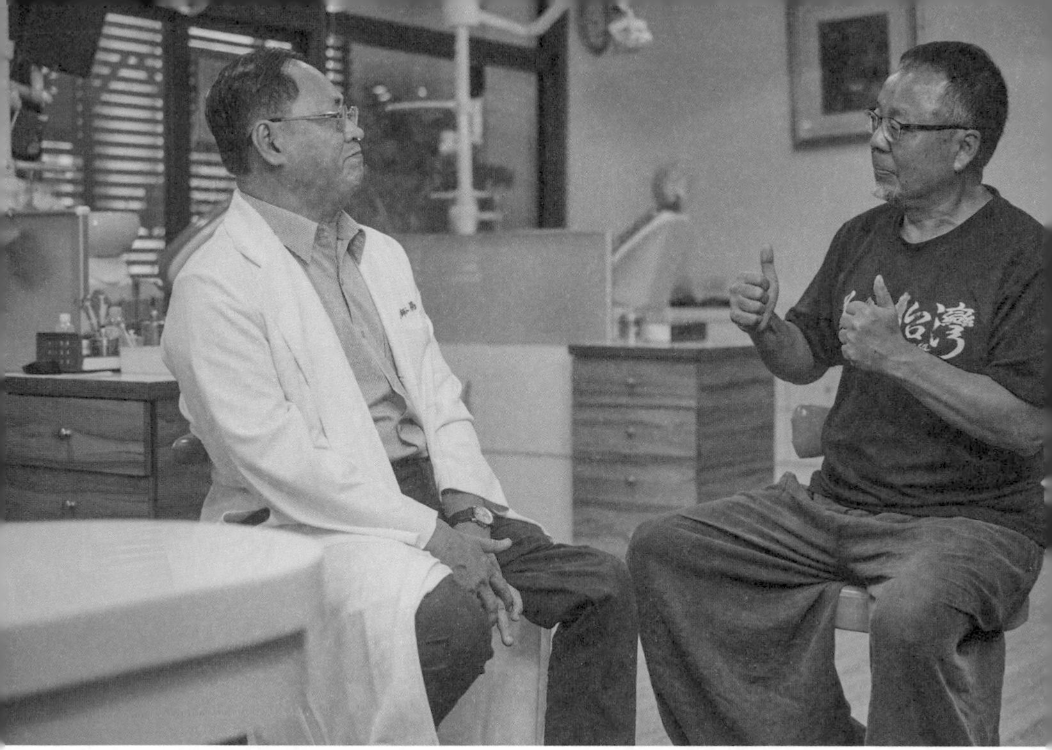
林醫師與導演對談合影。

了，結果發現糟糕了，自己麻藥帶了、麻針帶了，卻忘了帶注射器，因為沒有注射器就打不了麻藥，沒有打麻藥就沒辦法拔牙。後來所幸急中生智，找到了其他替代的方案。

林醫師也曾到肯亞、印度、緬甸、柬埔寨，還有中國青海、雲南等地進行義診。而這些經驗，也幫助他在未來做到宅醫療時，能夠很快地去適應那些突發的狀況。

「在偏遠地區，
其實光看一個牙齒就不是那麼容易。
牙痛常常會折磨一個病人到生不如死，
但有些人沒有錢可以看牙醫，
甚至當地可能根本沒有牙醫師可以幫你看診。」

剛開始，林醫師來到花蓮，是為了來過半退休生活、享受花蓮的風景與悠閒步調的。但後來發現，這裡竟意外地拓展了自己的眼界，讓自己做了與原先預期不一樣的事情。

當林醫師開始進行到宅醫療服務時，他謙稱只懂看牙齒，是上帝為他預備了一位很好的夥伴——林淑儀護理師。她幫林醫師介紹案例，陪伴去做到宅牙醫服務。

剛開始，他們會先關心病人整體的狀況，跟家屬溝通病人目前的身體狀況，血壓、心跳等，甚至對方的褥瘡、心肺功能，以及「三管」——鼻胃管、

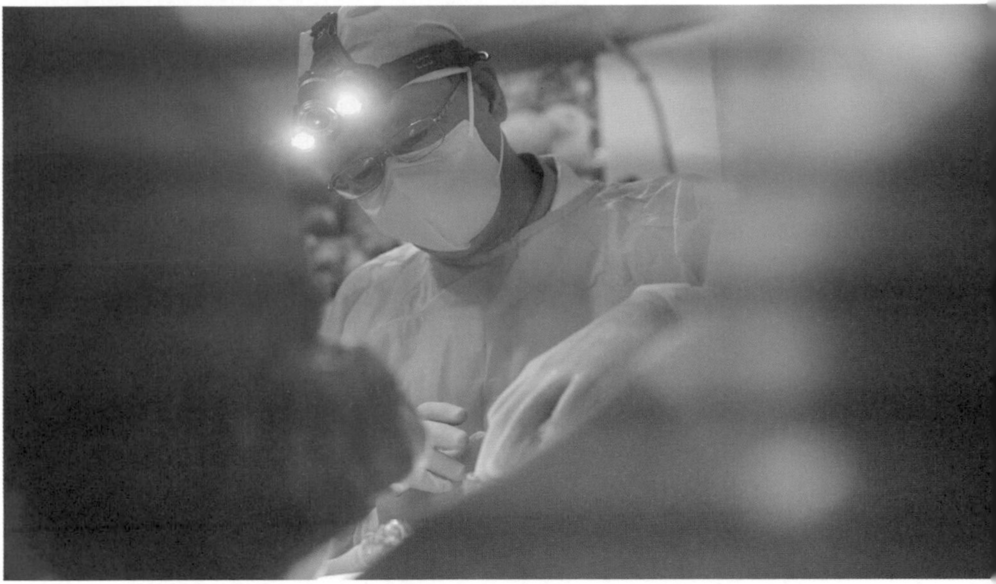

到宅醫療服務的問世，來自林醫師過去參加國內外義診的經驗。（掃描此照片產生 AR）

氣切管、尿管的清潔問題。在做完牙齒的治療以後，林醫師會教他們正確的刷牙方式以及保健的常識。接下來，他們會真切地為家屬禱告。

到宅醫療服務之所以問世，來自林醫師過去參加許多義診的經驗，不管是國內或國外的。到宅醫療服務裡面比較辛苦的部分，則來自對於每個不同醫療環境的因應，當要靠近床邊幫病人做治療的時候，那才是一個考驗。尤其作為一名小兒麻痺患者，只靠右腳在支撐，左腳幾乎是擺設，完全無法施力，所以當右腳要去踩洗牙機或者是磨牙機的踏板，重心就會容易失去平衡而不穩，必須靠自己的腰支撐，把手趴在病人的床邊，這樣彎腰去趴在病人床邊。這些對於林醫師而言，都是體力上非常大的負擔。

因為拿著手杖，很多人對於林醫師的印象，都是「三隻腳」「四隻腳」，特別是需要走長遠的路，他都會多準備一支拐杖。一開始林醫師也滿介意別人對自己的看法，但到了後來他慢慢發現，像自己這樣行動不方便，還可以出來做這樣的服務，其實是幸運的；尤其在每一次到宅醫療之後，與家屬一起禱告，都會讓他獲得許多溫暖的回饋。

「我知道每個人的前途都有很多的困難要跨越，
可是能不能跨越，
要看你有沒有這樣的信念。」

進行到宅醫療的另外一個意義，便是「傳承」。林醫師邀請了許多年輕人與他一同進行到宅治療，希望藉此栽培更多年輕人，他認為傳承是非常重要的一件事情。希望讓年輕人看到他們透過醫療傳遞愛，讓更多窮困的人得到希望、看見曙光；也讓得到醫療的人感受到，有人願意從很遠的地方，來到這裡幫助自己。

雖然從小在被歧視的狀況下成長，林醫師發現，自己也是有能力關心他人的。而在這過程中最大的收穫，並非那些來自他人的感激與回饋，而是來自助人的快樂與充實。

03照顧老憨兒，從志業到「家庭事業」——杜英吉

曲導：「杜醫師，請您與我們介紹一下，『老憨兒』和一般的唐氏症患者，有什麼不同呢？」

杜英吉：「小憨兒也會長大，變成老憨兒，他們三十五歲的時候就會開始變得很老了。如果到四十五歲的時候，就好像是六十幾歲；到六十幾歲的時候，就變成八十幾歲的樣子。如果沒有人注意，就沒有人關心了。小孩子很可愛很容易受到大家的關心，但再變老的時候，人家就忘記他了。」

曲導：「之前您的孩子都在國外，爲什麼他們會願意回來，和您一起做這樣的事情？」

杜英吉：「其實他們從小就看我在做這個，所以他們也都樂意一起行善。

雖然在國外可以有機會領到高薪，但他們願意回來陪我一起做這些事情幫助人家。」

杜醫師以老憨兒作為主要服務對象，子女們也紛紛回國一同協助支持。
（掃描此照片產生 AR）

此，杜醫師就想，不如再蓋一個地方，專門以老憨兒為服務對象。

甘願做，歡喜受

在杜醫師的機構裡，收容的對象大部分來自貧困家庭。來到養護院，他們安排教保老師、照服員照顧他們，也提供一些肢體運動、訓練打掃工作與休閒活動機會，讓他們生活盡可能地多元化。尤其杜醫師帶他們來到農園，也是為了提升他們的身心靈健康。

「甘願做，歡喜受」是一種尊重生命的使命感。杜醫師告訴我，他不是很富有，但他把自己想像成一口井，上帝賜給他很多水，在社會上有其他人需要的時候，把那些水拿去幫助別人；這水會源源不絕而來，雖然不會滿也不會乾掉。

「助人者天助自助。
雖然我的能力也有限，
不過也是有很多的好人，
一起幫助讓這個思維推行下去。」

我們能夠在杜醫師的笑容中，看見他的善良純樸。他現在在屏東照顧著一群老憨兒，這是他畢生奉獻給醫療，秉守著助人信念，真正出自內心的關懷，

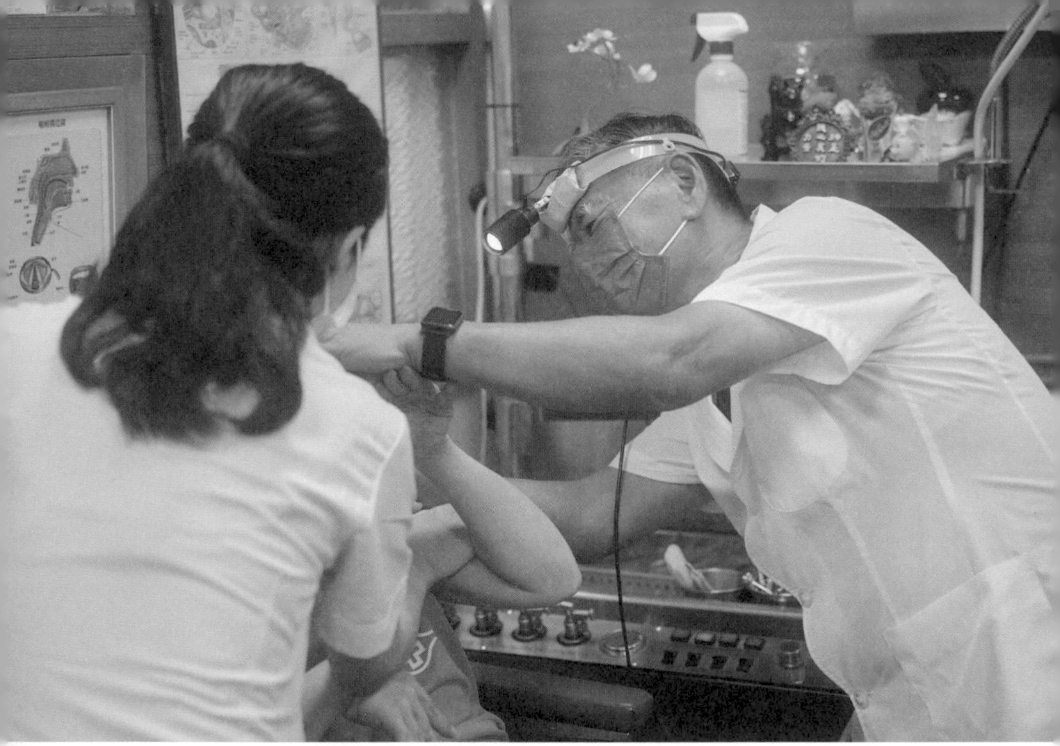

對杜醫師來說，憨兒就是天使。他希望憨兒們的後半輩子能夠在他與他家人的照顧之下，得到更完善的生活。

來幫助這一群需要被協助的憨兒們。

許多人對於老憨兒並不了解，但是對杜醫師來講，憨兒就是天使。他希望這些憨兒的後半輩子能夠在他與他家人的照顧之下，得到一個更完美更完善的生活。再來就是他的孩子也從國外回來，一起跟著他去照顧了這一群孩子。當我看到了護理師推著憨兒進來的時候，杜媽媽告訴我這位護理師是他的孫女，沒有想到他一家三代都為了憨兒做出至上無高的奉獻，這個就是助人為快樂之本的最高原則。

對於杜醫師的孩子而言，父親是一個很無私的人，小時候看著杜醫師去做義診的志工，他們一家人都會在車上跟隨著他去，等於是小小志工。從小就耳濡目染父親這樣對社會的付出，學習到愛的付出也是需要有專業能力的。所以杜醫師的孩子們，在事業上會以爸爸作為榜樣，也因此決定回來台灣跟父母一起住，一起經營這個養護院。

04 身障運動平權的推手——姜義村

曲導：「請您與我們分享，邀請身心障礙者走出來、參與運動的過程。」

姜義村：「其實當時在我們與身心障礙朋友合作的過程當中，一開始確實遇到了不少挑戰。即使我爭取到了多少個公益名額，有時候我是揪不到人的，後來我只好使出我的『苦肉計』。所謂苦肉計，就是自己也跟著下去運動，他們可能知道我就是一個大學教授，就像常常人家說自己就是一介書生。但因爲透過這個互動的過程，看到我也跳下去了，每天早上四、五點一起出來練習，慢慢我們互相感染了彼此。」

曲導：「請您與我們分享，與這些身心障礙朋友站在一起，他們爲您帶來了什麼樣的啓發？」

姜義村：「他們會不斷地提醒我，要珍惜身邊所有認爲理所當然的事情。當你珍惜時，你會很感恩這個世界給你的一切。憂鬱症在全球是大家普遍遇到的情況，當然我們也經常會掉進情緒的漩渦裡面，但跟身障朋友工作，他們給了我很多力量，他也給了我生命中的浮木。」

每天加上〇．〇一，就能進步

姜教授是台灣師範大學特殊教育學系的教授，也兼任學校的副學務長，他長期關注身障，向大眾推廣「愛運動，動無礙」的理念。為了推廣運動平權，他致力於讓身心障礙者透過運動走出戶外。

在我們拍攝當天，一個周末的清晨五點，有「國手之道」之稱的文山區河濱公園內已經有滿滿的運動人潮。我看著姜教授帶了一群人跑了過來，因為裡面有視障者，以及外貌比較不同的人，他們很快便吸引了其他跑友的注意。

對於姜教授的第一印象，就是感覺他非常地年輕有活力。他的身分非常多元，也嘗試過非常多的事情，當過ＶＪ[2]、現在也在廣播節目擔任主持。當他知道我們的美力台灣３Ｄ電影院，也很快地就與我分享了自己的經驗。姜教授說，他的國小記憶就是在工地中成長。他的爸爸、媽媽屬於勞動階級，國小沒有畢業，從有記憶以來，他就是在工地裡面睡午覺、玩沙、玩土、玩磚頭。那時一直到國小六年級，人生最大的夢想就是當一個跟爸爸一樣很厲害的水泥工。

他說當時自己沒有任何其他的理想，因為根本不認識這個世界，每天的生活就是在工地中度過。一直到國一，開始學會英文，知道什麼是ABCD，才發現原來自己可以用不同的語言來跟其他人溝通。姜教授用一個數學公式來比喻，正是如果每天多加上〇．〇一，即便看起來差之毫釐，但如果是不斷地加乘，其實是能夠產生很大的變化的。但是反之，如果是用〇．九去乘，甚至是乘以一，那就是倒退與原地不動。就像每天進步一點點，每天多做一點點，只要堅持就能看見改變。

「看到大鵬灣鐵人三項大賽的網站裡，首度將身障者放到了競賽規則，

2 編按：即 visual jockey，「影像騎師」英文縮寫。如同 DJ 與燈控師，負責在活動中操控配合音樂的視覺影像。

我非常地開心，
忍不住在辦公室裡尖叫了起來，
因為我看到了我們團隊與身障朋友們一起帶來的改變。」

姜教授告訴我，有時候，如果我們想要在固定的價值觀中創新與改變，幾乎是非常困難的，因為這些觀念可能已經是過去五十年、一百年累積出來的，要撼動它必然不是一件容易的事。但是如果今天有台灣超人們的存在，這些人都一直存在於我們的周邊，他們所做的，也正是在每天日常再多一些的、超越自己的事情；那麼台灣每一位孩童，未來也都有可能成為這樣超越自己的人。

他回憶起過去到一些偏鄉拍攝兒童節目的過程，如果詢問一位離島的高年級學童：「你未來長大想要做什麼？」他們最好的夢想，就是到本島的7－11當店員。探究原因，便是他們的視野局限了自己的夢想。而由此之中，他認為最重要的啟發就是「珍惜」，珍惜所擁有的任何一切，包含那些最理所當然的日常。事實上，在他與身障朋友一起工作的過程中，他們的經歷與正在發生的

姜教練帶著身障朋友們在有「國手之道」之稱的河濱公園內慢跑。（掃描此照片產生 AR）

事情，都會讓姜教授自己感到為之震撼。

當「努力就能翻轉人生」的信念受到挑戰

在接觸到這些身心障礙者、和他們一起去運動以前，他總相信只要念書與升學，就有機會能夠翻轉人生。原本順利考上了建中、台大獸醫系，到後來也考上了文化大學運動教練研究所，發願成為「教練的教練」，卻因為實習緣故，到機構裡教腦麻的孩子學習走路。他抱著癱軟的身體，帶著怎麼也站不起來的孩子，讓他原本堅信的價值觀——「只要努力，就能翻轉人生」的信念受到了挑戰。姜教授發現，有些事情確實不是光靠努力就可以做到的。

回到家後，姜義村教授連續做了幾天的惡夢，夢到自己也有個腦麻的孩子，之後便拜託指導教授不要讓他再到那個機構實習。但有天教授請姜義村幫忙拿東西到師大給他，姜義村看到教授在帶一群腦麻與身障的孩子去做適應運動，當時的他感到大為震撼。這樣的震撼同時也為自己的未來，帶來了轉折。

他發現在大多數學校的體育課程中，如果碰到有身心障礙的孩子在班上，大多數的老師都會抱持「多一事不如少一事」的心態。所以，在過去學校的體育課裡面，通常都會把比較特殊的孩子，例如視障、聽障、肢體障礙，甚至智能障礙的孩子，擺在教室裡面休息。

大約在一九九九年，當時有一個專業叫做「適應體育」，英文叫adaptive physical education。所謂「adaptive」（適應），是期許大部分的身心障礙孩子與特殊生，能夠跟著一般的學生一起上課。姜教授後來開始推動身障運動課

姜教練希望透過身障運動平權的推廣，邀請身心障礙朋友們，一同走出去、加入運動的行列。

程，像他們有一個智能障礙的孩子，一開始只能跑步，後來變得能騎車，現在還能夠游泳。要推動適應體育，就是希望學校的老師跟主要的行政管理人員，能夠讓孩子們同樣也可以參與體育課程，保障每一位孩子的權益。

但是在姜教授推動身障運動的過程中，他們試著做了所謂的融合教育，就是把我們的特殊生放到普通班一樣地學習。剛開始在推動的時候，其實遇到了一個非常大的阻礙，這個阻礙並不是來自孩子，而是來自其他大人們。他們甚至也遭遇到班上的所有家長來連署，逼學校把那個孩子轉到別班的狀況，家長們丟下了一句：「我們千辛萬苦轉戶籍、排隊、買房子，就是為了讓他進到這個頂尖的明星學校，為什麼我的孩子要跟智能障礙的孩子一起上課？他會拖到我孩子的進步，他會阻礙到我孩子的未來。」

他發現大人們根深柢固的觀念已經不容易改變了，有些人就是不能接受身障者的存在；而孩子們也因為在身邊沒看過這樣的人，便以為他們不存在，或者是以特別的眼光看待他們。所以，姜教授就想到使用「繪本」來做推動，從幼稚園可以看圖的孩子，一直到中低年級的孩子，一同親子共讀，一點一滴地建立這樣的價值觀，也讓陪伴閱讀的爸爸、媽媽，能夠同步建立觀念、認識身心障礙者。相信透過這些知識、理念的推廣傳播，可以讓人們對於身心障礙人士有更多的理解與認識。

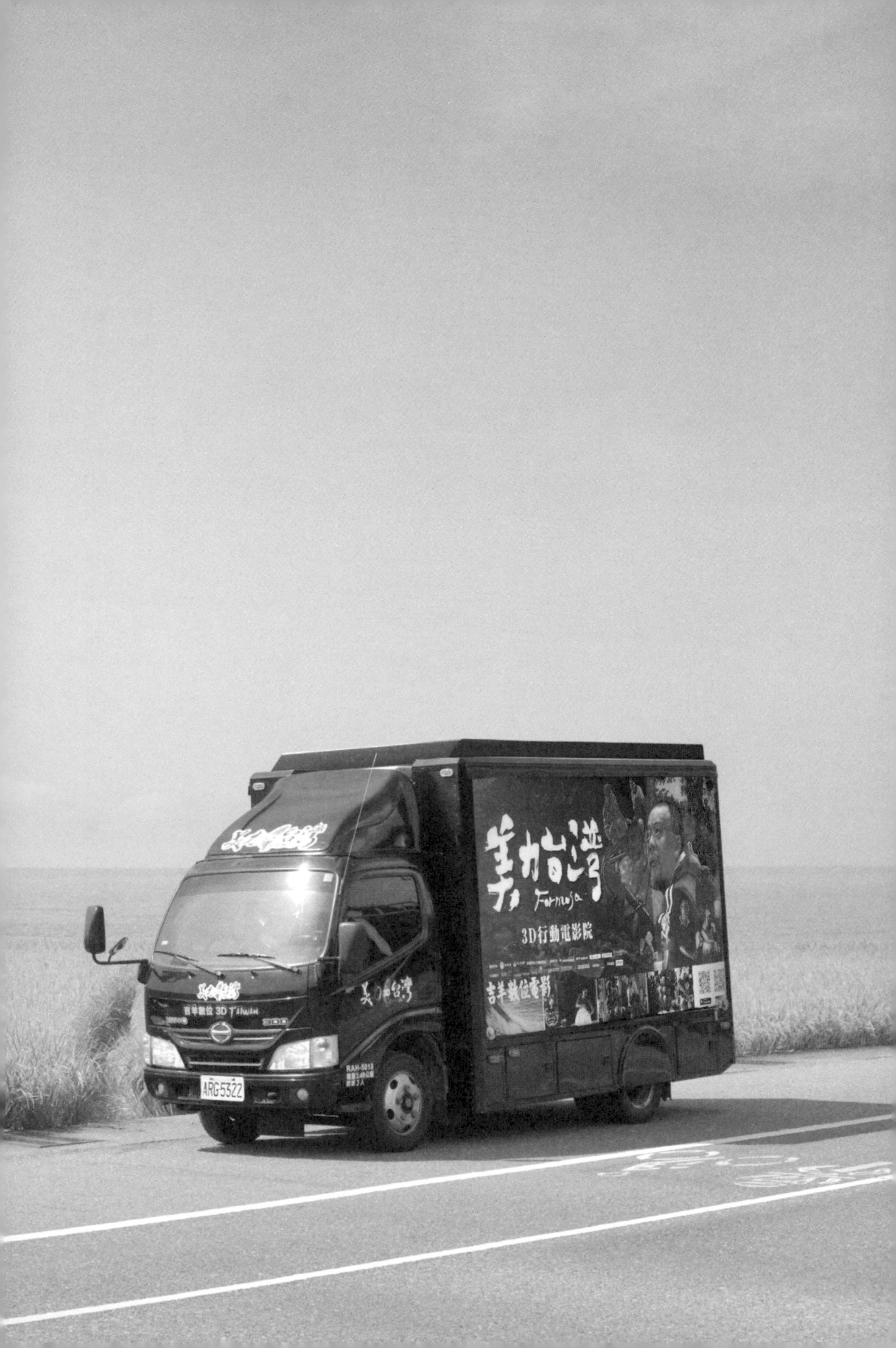
美力台灣
Formosa
3D行動電影院
吉羊數位電影
吉羊數位 3D Taiwan
ARG5322

Part 6
學習、創新、好奇心

生活處處皆學問，要學也要問。
學習，來自於好奇心與觀察力。
從學識專業到士農工商的層面，
處處都有智慧與生活經驗的累積。

因爲腦部手術以後，我的視力與聽力都受損，我看東西非常難去聚焦，所以閱讀對我而言是有點困難的。但這不代表我沒有辦法去進修與學習，反而讓我去思考，如何運用更多元的方式，結合每個人不同的生活習慣，讓我們都能夠去「閱讀」與學習。

過去，我自認是個技術控，拍攝的規格都要在當時的浪頭。當開始拍攝超人的時候，我回到攝影師的初心，用心放在攝影機上，讓受訪者對著鏡頭自在地談。我看到葉丙成教授，他創辦了PaGamO線上教育平台。他在念書的時候，很多人說他是學霸，但其實他在留美時，發現自己完全融不進美國同學的生活，連在派對中的話題也完全插不上，他發現自己竟失去了對生活的好奇與生命的熱情，於是頓時醒悟不願變成只會考試的機器。其後，他便將好奇心與夢想，稱之爲每個人所擁有的超能力。

追風計畫主持人吳俊傑教授經常與學生分享，那些人生經歷的點點滴滴，將會串成現在的人生；累積的那些人生經驗，爲未來創造前進的方向。光是撲向颱風，就足以讓人膽戰心驚，更何況還要翱翔高空，在飛機不斷劇烈地擺盪中保持冷靜，探索大自然與知識的奧祕。

奔向高空的還有火箭阿伯吳宗信，從小喜歡沖天炮往上衝上雲霄的刺激與感受，長大後這個夢想化身爲火箭，進而讓世界看見台灣。

這些事情看起來都如此不容易，他們共通的特點都是堅持、不放棄，也因爲打開視野，讓自己不斷地去學習、探索，進而去勇敢實踐夢想。

01 好奇心，就是我們的超能力
——葉丙成

曲導：「老師您使用網路做遊戲，讓孩子學習，也創辦了學校。請您與我們分享這一路走來的經過。」

葉丙成：「我發現其實自己不是連續創業，而是同時創業的。我在做『PaGamO』的同一時間在創辦『無界塾』的學校，整整八年完全重疊。因爲有做 PaGamO 這樣子的平台，即使在偏遠的郊區，資源比較少的學生們也可以用我們的平台去得到很多的學習資源，這就是我希望通過科技來改變大部分的人。」

曲導：「老師您既是一位教授，同時也有在創業。在這個過程中，您有遇到過什麼樣的困難嗎？又是如何去應對跟解決的？」

葉丙成：「創業是我這輩子最重要的一堂課。我從小就是很會考試的人，這反而造成很大的問題。其實從高中開始，我就失去了好奇心，因此到大學後產生了非常大的焦慮，持續了好多年，一直到我去美國念書之後才發生改變。因此，當我去美國念書、念博士的時候，我找回了那個在國小時，很頑皮的、想要做一些不一樣事情的自己。」

PaGamO的誕生

身兼台大教授與創業者的葉丙成，是「PaGamO 遊戲學習平台」的創辦人，作為全台灣最多人使用的中小學教育平台之一，目前已累積超過一百五十萬位學生使用。葉教授也經營了一所學校，叫做「無界塾ＢＴＳ實驗教育機構」，培養學生自主思考的能力，主張翻轉教育、玩出創新。

葉教授自稱從小就是一個頑皮的人，喜歡做別人沒有人做過的事情。我們回憶在以前念書的年代，老師可以透過威權的方式去逼學生乖乖讀書；可是現在時代不一樣了，葉教授想著的是，如何讓學生對學習懷抱興趣，怎麼樣能對獲得知識產生更強烈的動機。

PaGamO 的源起，來自十年前電視上的線上遊戲廣告。當時他心中產生的第一個想法，就是為什麼線上遊戲的廣告這麼多？這代表著大家對這件事是感興趣的，於是他浮現了一個念頭，那就是「能否把線上遊戲與學習連結在一起」，讓學生既可以打遊戲，也可以幫助學習。

同一時間，因為孩子就讀的學校與花蓮某間小學剛好有個筆友的活動。因

圖為 PaGamO 電競大賽證書。葉教授將線上遊戲與學習連結在一起，期許孩子們在玩遊戲的同時，也能具備競爭力。

緣際會下，他們一起到花蓮找筆友，到了學校發現找不到學生，才發現原來一群孩子都泡在網咖裡面。那次事件讓葉教授留下了深刻的印象，如果說偏鄉孩子原本的學習資源就與都市有差距，若他們將時間都花在玩遊戲，那要怎麼做才能幫助他們擁有競爭力？

因此，葉教授把線上遊戲與學習資源做結合，甚至有很多中輟生也都寫信告訴他們，有意願使用這套軟體進行學習。現在有很多遊戲是得去賺裡面的貨幣來買裝備的，透過裝備使遊戲玩家更能夠發揮戰力。若與真實的人生相比，其實剛好對應到了「資源分配的能力」，就好像我們在創業的時候，收到老闆的指示，很多的決策都要去思考：「老闆給我這些錢，這經費要花在哪裡？」才能夠讓整個團隊有最高的生產力、做出最棒的東西。不只是遊戲，這種能力在現實的世界也是非常重要的。

「怎樣改變台灣的教育，
以及整個社會對教育的看法，
我們演講講再多，不如你真的去做。」

PaGamO 是葉教授透過科技來改變環境的成果。正如我們常說的，數位 3C 其實是很好的工具，不要把它當做洪水猛獸，應該要慢慢習慣、將數位 3C 化為學習的輔具與力量。特別是現在教育部推行「生生用平板」的政策，每一位同學都有機會可以使用到政府採購的平板。

另一方面，在葉教授創立的「無界塾」中，老師們也有很多的資源，去引導學生將使用數位3C的習慣化為學習的工具。葉教授常跟無界塾的老師分享，無界塾除了讓家長看到教育內容可以有所不同之外，最重要的便是培養出一群很有遠見的老師們。

「利他」的人生觀

從小，我們常聽到父母或師長告訴我們，人生只要努力就會成功。葉教授告訴孩子們，這是錯的。

人生只有努力，不一定能夠成功。只要努力就能立刻看到成效的，通常就只有讀書這件事。根據教授所分享自己過去的學習軌跡，因為努力一直看書、做更多習題，考試的成績的確能節節高升。可是當自己畢業離開學校，進入到社會之後，仍可能過得非常非常地辛苦，尤其很多事情是你要跟夥伴合作，並非由自己一人就可以完成或決定的。

對於葉教授而言，自己過去就是太在乎分數，如果沒有辦法拿一百分的事，就統統不去碰。可是創業不同，是要帶著一群夥伴、團隊前進的。所以剛開始創業時，葉教授不知道怎麼帶人、如何去說服別人；最慘的時候，一個公司走掉快三分之一的人。

每個人都有自己的人生觀，透過這樣的人生觀，我們可以去回顧自己為什麼要做這些事情，以及做這些事情最初的目的是什麼。葉教授用他發亮的眼睛告訴我，他的人生觀就是「利他」。

「利他的人生觀，是真的可以幫我們帶來很多很強大的力量，讓你有辦法去面對人生許多的挫折。」

葉教授告訴我們，所謂「翻轉」不只是創新，更必須要有「換位思考」的能力。（掃描此照片產生 AR）

葉教授認為，「利他」的人生觀是非常重要的，假如我們是一個願意幫助他人、並以此為樂的人，就會活得更有動力、更有力氣。因此，每次當他快要放棄的時候，腦海裡面就會出現一個聲音：「如果我們放棄的話，那些需要我們的這些同學們，該怎麼辦？」

「翻轉教育」來自「換位思考」

台灣現在面臨的少子化課題，對於葉教授來說，唯有學生的生產力提升，台灣才有可能走得更好。葉教授告訴我他的憂心，在變化這麼快速的時代，孩子所遭遇的最大挑戰，便是如何去面對這個快速變化的世界。當一個新的技術出來以後，我們必須靠自己去網絡上尋找資料，靠自己去學會這個新東西，所以自主學習的能力當然是非常重要的。一〇八課綱的內容，其中有一個重點，就是把大家培養成一個終身學習者，就算之後沒有繼續在學校念書了，我們仍需要持續靠自己的力量，不斷地學習，這是非常重要的。

葉教授為「翻轉」下了一個定義：所謂「翻轉」不只是創新，更必須要有「換位思考」能力。他舉了例子告訴我，假如今天去上班時，你打算跟老闆談加薪，但在進去老闆辦公室之前，就已經預期到老闆會怎麼說了，這便是一種設身預測他們思路的能力。這絕對是這個時代，非常重要的一種能力。

葉教授建議我們，若想要尋找目標與夢想，可以先從解決身邊的問題開始，再慢慢找下一個問題，依此類推。等到解決的問題夠多，就會有愈來愈多的人受到自己的影響。解決問題，代表能夠幫助到他人，漸漸地，你就會變成一個愈來愈有影響力，也愈來愈有價值的人了。

02 用「追風計畫」，揭開颱風的神祕面紗
——吳俊傑

曲導：「請問追風讓您學會了什麼樣的人生道理？」

吳俊傑：「願意下定決心把一件事情做好，然後就勇往直前。無懼，好好把這件事情完成。我覺得人生最難的，就是你能不能下定決心，把這件事做出來。」

曲導：「一路從開始計畫，到後來教學、教育，您都能保持熱情，想請問您是如何去維持這份熱情的？」

吳俊傑：「數十年來，我幾乎每天早上都是同一時間到學校上班的，這樣穩定的習慣是我的堅持。一直工作到完成某一個階段，工時理論上會滿長的。除了時間長、穩定地堅持之外，懂得怎麼去調整自己的腳步，英文叫做『pace

yourself』，也是很重要的。眞正要比較的人，就是自己。如何超越自己，不斷地嘗試與跨越，以及激勵自己達到那個極限，最後就會再邁進一步，更上一層樓。」

「追風計畫」的緣起

吳俊傑，台灣大學大氣科學系教授，於二〇〇三年為全亞洲啟動了「追風計畫」。吳教授成長於台東，因為在鄉下生活，常有機會與自然環境共處。從小到大，每個階段一點一滴學習的歷程，讓他對颱風情有獨鍾。

一九七五年九月，貝蒂颱風從台東外海登陸，他與弟弟兩個人頂著風跑出門，突然一陣子感受到沒有動靜，才知道原來他們正處於颱風眼中。長大之後，吳教授很幸運地把這些自己學到的寶貴經驗匯集起來，成就了一個特別的研究計畫，也就是二〇〇三年啟動的「追風計畫」。

「追風計畫」使用飛機去探測颱風，在科學上有著重大的突破，也為中央氣象局的颱風預報分析，帶來各種不同層面的影響與貢獻。教授幽默地說，他不只是追風的人，其實以前在年輕的時候，有人還說他是「追風王子」，當然現在已經是追風的歐吉桑了。

「科學家有個特質，因為你有熱情，你就有憨膽願意去做。只要在合理而且安全的範圍，你就會願意去嘗試。」

「追風」的概念源自於吳教授就讀研究所的經驗。一九九一年，吳教授正在美國念書的時候，曾跟著指導教授去墨西哥參與一個國際研究實驗。他的老師是颱風領域的專家，也是颶風大師。老師發展出了一個新的理論，必須親自用飛機去量測資料來驗證。在熱帶的海面上，每天有這麼多形成對流的雲跟風暴和閃電系統，它們的生命期不會太長，從雲發展到下大雨，接著消散後就沒了。然而，卻有非常少數的雲，能夠在十公里到甚至數百公里的海上捲起來，形成颶風或颱風。那位老師就用飛機飛進去測量，想要找到是哪些因素，導致了颱風的形成。

吳教授對此充滿了好奇心，而且知道老師非常需要人手，所以一起跟了過

吳教授與我們分享，「追風計畫」的機制，主要是在颱風靠近台灣的前兩、三天，搭乘著改裝的實驗飛機，飛到颱風的周圍上空去拋投觀測儀器。（掃描此照片產生 AR）

去幫忙、東飛西跑。吳教授謙稱在那群專業的團隊裡面，雖然自己只是一顆小小螺絲釘，只是在那邊慢慢地觀察跟學習，但獲得的經驗非常寶貴，甚至一般人用錢都買不到。他半開玩笑地跟我說，因為沒有人會讓你去搭飛機，還穿越颱風到它的中心。

那時他們花了一個月的時間，去構想「追風計畫」的代號，最後就叫做「DOTSTAR」，即是「輕型颱風的研究觀測計畫」（Dropwindsonde Observation for Typhoon Surveillance near the Taiwan Region）的英文縮寫。「DOTSTAR」現在已經變成是這一類研究的專有名詞，在國際上也非常地響亮。「追風計畫」的機制，主要是在颱風靠近台灣的前兩、三天，搭乘著改裝的實驗飛機，飛到颱風的周圍上空去拋投觀測儀器。這個儀器在降落之後會形成三度空間，掃描出颱風周遭的結構。我們不僅可以清楚地了解颱風的構造，也可以掌握影響著颱風，並且導引它們移動的氣流是什麼樣貌。這些資料若及時輸入到電腦裡做分析，便可以預測出颱風未來最新的走向。

吳教授的研究顯示，完整地做完整套工作，便有機會改進預測颱風的誤差。更有趣的是，他們那時候所做的研究，剛好在科學上是一個很先進的問題，被稱為「標靶觀測」（targeted observation），與癌症的「標靶治療」（targeted therapy）一樣以「標靶」為名。

因為知道追風計畫是有風險的，吳教授認為更要把標準作業程序（SOP）做好，大膽地去做想做的事。當吳教授眼裡閃著光芒，與我分享這些話之後，他突然感性地對我說，如果對這些事有擔心的地方，唯一最擔心的，便是那些跟著自己，或是讓他指派上去飛機工作的年輕學子。想到如果他們的家人擔心，自己也更需要充分讓他們與家人溝通，覺得都可以放下心之後，再來從事這樣一個研究工作。

累積生活點滴，匯集成自己獨有的智慧

吳教授與我們分享，其實對他而言最根本的啟發，來自於小學三、四年級時。那時他翻到一本書，書內在講台灣第一位奧運奪牌選手楊傳廣的故事。書中的重點強調了，要成功必須具備「更快、更高、更遠」這三個要素。當然現在這個時代，許許多多的資訊都來自於網路世界，資訊產生的方式跟以前傳統書籍又不一樣了，只要能有效選擇想學的東西，就可以得到很大的收穫，但最難的就是下定決心，去把這件事做出來。

當初正是因為人生的機遇跟體驗，讓他毅然決然地決定要來嘗試，最後也讓他做出了結果。

「知道事物的科學範圍與極限到哪裡，只要在那個範圍內去做、去了解之後，帶著足夠的信心，就可以克服所有的困難，把它完成。」

他引用了史蒂夫．賈伯斯（Steve Jobs）對史丹佛大學的畢業生說過的一句話：「Connecting the dots.」（串連這些點點滴滴），在我們學習的過程，就是探索各種可能的點點滴滴，儘管我們沒辦法知道哪些是有用的、哪些沒有，然而這並不是那麼重要。關鍵之處就在於我們有辦法透過這些點點滴滴，慢慢匯集出自己獨有的智慧，然後找到自己的大方向。

吳教授分享，他經常鼓勵學生不斷去累積。至於會找到什麼方向，或是能否獲得成果？他說自己很喜歡一個英文單字，叫「serendipity」，有人把它翻成「因緣際會」，最近也看到有人把它翻成「小確幸」。就像老天爺總是會為人開一扇窗，在那個地方就會找到自己。儘管這樣的機緣可能只是小確幸，但它

吳教授與導演、團隊合影。

也可能成為成就大事業的契機。無論如何，就是去做自己想做的事、不斷去嘗試。

有一句英文諺語叫「silver line in the cloud」，翻成中文是在「雲的邊緣」，意思是在烏雲密布的狀態之下，最後還是有機會見到陽光。當我們經過漫長的隧道，只要這火車持續往前開，終究會看到隧道盡頭之後的光線。「若保持著這樣的心境，便有機會突破困難」，吳教授便是以這樣的態度在鼓勵學生，也同樣地鼓舞自己。

03 讓夢想升空的「火箭阿伯」——吳宗信

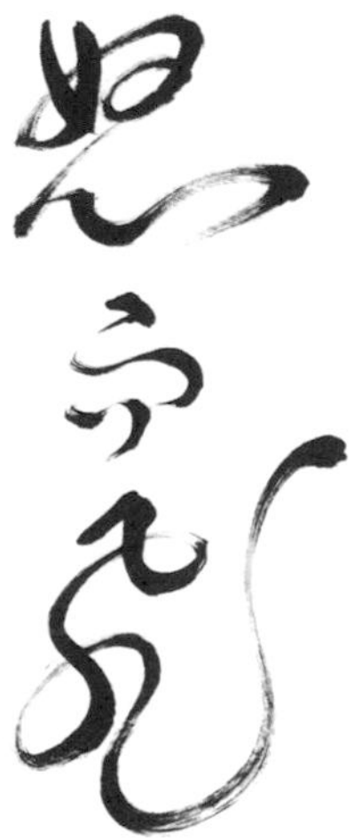

曲導：「聽了您的分享，實在很感動。從一個人與一群人共同去做一件事情，到一起遇到問題、失敗，火箭阿伯您是用什麼樣的熱情在陪伴他們，甚至去影響他們的？」

吳宗信：「在團體裡面最棒的，就是可以學習到與自己原本擅長的事不同的專長，以及跟人家可以如何去合作。你可能會犯錯，別人也會犯錯。當別人犯錯的時候，要怎麼去諒解別人，也是一種學習。所以在團體裡面一起失敗，比一起成功更爲重要。」

曲導：「想請教您是如何維持您的熱情，去完成這些事的？」

吳宗信：「我想是『勿忘初衷』這點很重要。因爲我讀理工的，我知道要用自己的專業對台灣有所貢獻。我隨時都在問自己，如果有能力的時候，我要怎麼把我的能力貢獻給台灣。最後我很幸運地找到了我的戰鬥位置，所以差不多十幾年前，我就很清楚我想要做什麼：我想要幫台灣做火箭。」

透過火箭，找到屬於自己的戰鬥位置

被暱稱為「火箭阿伯」的吳宗信，現為國家太空中心主任，負責執行台灣的太空計畫。除了栽培太空人才、扶植相關的產業，更要進入全世界太空產業的供應鍊。他在二〇一二年六月於陽明交通大學創立前瞻火箭研究中心（Advanced Rocket Research Center，ARRC）；在二〇一五年用台語演講中年阿伯的太空夢，並獲選為美國機械工程師學會會士、美國太空學會副會士。而火箭阿伯的故事，則成為了五月天的〈頑固〉音樂錄影帶主角的原型。

「沒有失敗的成功，是危險的。」

吳宗信從小就對沖天炮情有獨鍾，他從沒想過火箭未來會成為他的夢想，也成為他希望為台灣付出的方式。他出身台南農家，父母均不識字，當時政府推行國語政策，家中只說台語的他直到小學二年級才慢慢融入學校生活。他非常認真地念書，考上台南一中、台大機械系。雖然因為家裡很窮，沒有去補習，但國小時有許多老師給他鼓勵。那種鼓勵不只是言語上，而是可以吃到香腸與荷包蛋，那些對於他那個時代而言，都是遙不可及的奢望。他發現有人關心自己、鼓勵自己，也不負眾望，一路念書考到了不錯的學校，一直到退伍後，申請到美國密西根大學的研究所。

念書期間，美國在太空領域已發展出了有一定成熟度的技術，雖然當時有相關的工作機會找上了他，但那時在台灣的社會氛圍，許多蜂擁的街頭運動也包含母校台大開始的學運，讓他去反省過去所學的東西是不是「真的」。一九九五年，吳宗信回台在國家太空中心擔任副研究員。他同時推動五%台譯計畫，並擔任召集人，召集學生去翻譯海外文學，用台語、客語去翻譯這些作品。當時的他，懷抱著天真的夢想，以為只要號召大家捐助金錢與時間，就能改變台灣。

二〇〇五年，他升任到交大機械工程系主任。政府剛好規畫了哈比特計畫，要送兩顆衛星升空。他開始召集許多教授與學生，組織了一支火箭團隊。

拍攝吳教授的訪談過程。

他回想出國念書時，時時反思自己念理工可以如何為台灣帶來貢獻，因此成立了前瞻火箭研究中心，希望讓更多對火箭有興趣的學生，可以持續接觸火箭，不須擔心生活費用。

吳宗信與我們分享，自己就讀台大期間曾經加入了橄欖球隊。他的身材怎麼看也不像那些橄欖球運動員般高壯。剛開始，很多人看他這個體格會懷疑他怎麼可能打球？但他非常喜歡這種一群人為一個目標發揮團隊力量的感覺。經歷這個過程，也讓他開始思考，自己該如何找到自己的戰鬥位置。

他找到自己在場上的優勢，用速度甩開對手，並且不怕碰撞。其實這也驗證了他堅強、不放棄的意志，如果認真去突破，就可以發揮自己最大的功用。正如火箭阿伯堅持說台語與英語，他的自信來自對自己的認同，邁向「台灣人有火箭」的夢想。在龐大的太空計畫中，他也不可能樣樣精通，因此如何把不同的人才、不同的專長，彼此圈在一起做出一個火箭、一顆衛星是一大挑戰。一群人要如何去追逐夢想，讓目標順利並且安全完成，這也成為他在超人故事裡的轉折。

JAP的處世原則與計畫的緣起

吳宗信與我分享，他用J、A、P三個字創造的理論。J就是Justice，正義，因為看到了不公平的事情而產生動機，檢視它是否合乎情理。接下來的A，就是解決問題需要Action，要有行動力。再來，P是這一連串的行動，執行要有Plan，計畫。執行的過程，還要有Perseverance毅力，要做一件事情必須要有興趣，哪怕做三天三夜都不會覺得累，也不會覺得想睡。

如果興趣可以支撐自己的生活，應該要放心、用心、用力去追求自己的夢想。他以這十幾年都在做火箭的經驗，在台灣社會只要肯做，好比肯當牛，就有田可以耕。但是要有毅力、要有計畫，要做出成績來，並透過網路讓人家知道，要有自己的視野，要讓人家看見自己，只要有做出成績，自然就會有一堆人來幫忙。這就是他到現在的人生經驗，一步一步地實踐自己想要做的事情。

吳宗信和我分享，開啟這些計畫其實是被學生所感動而做的。許多人從小就喜歡放沖天炮，追求一種心理上的刺激。然而，人對比較沒有辦法掌控的東西會有一種恐懼感，但也是因為好奇心，愈恐怖的事情就愈想要去試。

火箭阿伯認為，作為一名教授，寫論文、帶學生，這些都是義務，他的血液裡，希望自己做點不一樣的事情，去喚醒學生的靈魂，也點燃自己的熱情。
（掃描此照片產生 AR）

在那之前，吳宗信在大學教書教很久了，難得看到一群人這麼投入一起做一個東西，即便大部分都是失敗收場，看到自製的小型火箭飛了出去，接下來「砰！」飛上去像天女散花一樣爆炸，看到失敗他也陪著學生痛哭流涕。那時就想說，怎麼會有東西讓學生如此專注，一群人同心協力，有時候程序可能會不太對，但是本來學生就是在「學」，那做不對是正常的。他們平常在上課的時候會打瞌睡、心不在焉，但是做這件事情的時候，他們很專注，即使時常經歷失敗。

即使台灣厲害的人很多，但仍欠缺擅長團體合作的人。做為一個領導者，吳宗信表示，必須要很堅定地確定自己的方向。最開始，一九九五年從美國讀書回來以後，阿伯思考著，台灣目前沒有人在做的事情裡頭，有什麼事情會為社會帶來衝擊？作為一名教授，寫論文、帶學生，這些都是義務，他的血液裡，希望自己做點不一樣的事情，去喚醒學生的靈魂，也點燃自己的熱情，於是用自己的專長創辦前瞻火箭研究中心。

「我想是『勿忘初衷』的念想鼓舞著我往前的。我很幸運找到了我的戰鬥位置。所以差不多十幾年前我就很清楚，自己想要做什麼：我想要幫台灣做火箭。」

過去有一段時間，他靠自己去找朋友、找企業，也才知道有群眾募資。剛開始，自己也不知道什麼是集資，貝殼放大的林大涵董事長來找他，說對他們這些老師在做的事情相當感動，於是他就想說，運用新管道來試試看。後來慢慢在過程裡面，有許多媒體開始報導，他也獲得了一個「火箭阿伯」的稱號。

把衛星送上軌道，讓世界看見台灣

如果說回到初衷，思考自己「為什麼要教書？」，以及自己「小時候是怎麼學習的？」，就會知道應該要怎麼面對自己的學生與孩子。然而，最開始，吳宗信並沒有想到這些問題的答案。「為什麼要從美國回來？」「為什麼想要做教授？」他回顧發現自己的初衷是為了台灣，也是在美國讀書才真正認識台灣的。他分享過去在台灣讀書的時候，以升學考試為主的生活，考試考得好的人似乎就前途光明；學校成績不好，似乎就看不見未來。在求學畢業、當兵之後便出國念書，出國後也都在做研究，後來因為在那邊有認識一些朋友，比較了解台灣的歷史後就決定回來台灣。

所以十幾年前，他就很清楚自己想要做什麼，那就是想要幫台灣做火箭，也就是所謂的「台灣火箭」。台灣火箭就是百分之百用自己的頭腦、自己的人做出來的東西，是用台灣的精神去做的。這個計畫最重要的意義在於，提升台灣人的自信心，原來我們是可以的！

因為人類都活在地球上，生活日常接觸的都是在地上，所以宇宙的事物對於人類而言是充滿新奇的。尤其是對年輕人來說，如果要追求夢想，這是一個很好的對比。太空是很多人，或是很多國家、很多團體一輩子所試圖探訪的目標。我想用這個火箭作為未來這十年台灣所要追求的目標，可以把火箭送進太空，絕對是一個重要的衝擊。

國家太空中心成立於一九九一年，它的英文全名為Taiwan Space Agency，簡稱ＴＡＳＡ，是台灣的太空總署。經過三十幾年至今，已從國科會國家實驗研究院分屬的中心之一，一直到二〇二一年通過了《太空發展法》，成為獨立單位。ＴＡＳＡ期待能夠把屬於台灣的衛星送去軌道，讓世界看見台灣，也促進台灣自己的科技和民生發展，這些都不是不可企及的夢想。

美力台灣
Formosa
3D行動電影院
吉羊數位電影
吉羊數位 3D TAIWAN
ARG-5322

Part 7

閱歷，讓我們看得更高更遠

所謂閱歷決定了格局，
深耕專業，也讓我們在守備的領域中，
能把握住更多的事情。

只有閱過山河、見過湖海、走過世界，經歷過生命的失敗與繁複之後，我們才會拓寬眼界、增長智慧，人生視野也才會變得開闊，看到更大的格局。所謂閱歷決定了格局，深耕專業，也讓我們在守備的領域中，能把握住更多的事情。

二○一三年，我到好萊塢去參加世界3D大獎的比賽，當時站上國際舞台，讓我徹底打開了視野。我沒有想到的是，原本只是抱著朝聖的心情，竟然有機會抱回小金人。隨著激動的情緒平復以後，我看完當年所有入圍的3D影片作品。我告訴我的團隊，我們是絕對具有資格得獎的。如同許多台灣超人的經歷，每個人都必須要透過行動去實現夢想。如果沒有行動，不論過了再久，終究只會是一場美夢。

我回想起從開始決定要做美力台灣的第一天，有許多人告訴我，要我多想想。尤其那時在剛拿獎回國以後，他們說我不如多接一點商業影片比較實際，甚至說我是不是頭殼壞掉。回答到累了，我乾脆轉過頭去，指著自己後腦杓的疤告訴他們，我眞的是「頭殼壞去」。

到了現在，那群朋友再碰到我的時候告訴我，曲導你怎麼這麼有眼光，從美力台灣到台灣超人，你是如何改變的，你是如何能夠堅持著一直做，每次再見到你時，又有這麼多的改變？

其實，我沒有改變，只是他們看我的方式改變了。我很慶幸進入這個行業，在這份工作開始的第一天，我就知道這不只是我的職業了，我可以用影像的專業，作為終生的志業。

閱歷，使我在走過一遭後回到初衷，重新思考自己想把握什麼，以及希望透過志業的實踐完成什麼。以下篇章介紹的超人們，也在他們各自的故事與經歷中找到意義，藉由眼界的開闊、心念的轉換，累積出生命的厚度。

01 心理學知識的拓荒者——洪蘭

曲導：「想請教教授，您曾經說過，覺得閱讀的『ㄩㄝˋ』應該是喜悅的『悅』，想請您與我們分享，對於『閱讀』這件事的看法。」

洪蘭：「閱讀有個很重要的地方，就是你在閱讀時的『知識』是怎麼來的。閱讀最好的方式，就是透過你的『經驗』去看。但是因爲我們的經驗受到時空的限制，所以又能透過從別人身上學到教訓來學習。所以牛頓說，站在前人的肩膀上，這個就是指透過他人的知識，對事物進行更進一步的理解。」

曲導：「請問您如何看待『抱怨』這件事？」

洪蘭：「關於抱怨，有一句話說得很好：『抱怨像騎木馬，它讓你有事做，讓你不能前進一步。』太多的抱怨，往往會讓人止步不前。」

曲導：「教授請您與我們分享什麼是『熱情』，以及要如何保持熱情。」

洪蘭：「我認爲熱情是非常重要的一件事！這代表著一個人對自己生命的看法，以及對自己價值的看法。活著總要有個價值，別人看到自己的價值，就會有活下去的熱情。而且如果覺得自己很有用，就會有幫助他人的熱情。」

只要懂得閱讀，人生就不會寂寞

洪蘭教授說，閱讀是打開人類知識大門最重要的一把鑰匙。一個孩子懂得閱讀，他的人生就不會寂寞。即使一個人過生活，如果擁有一本好書，人生仍可以過得豐富。

洪蘭教授作為一位大腦神經科學領域的「認知心理學家」，是一位博學多聞的人。洪教授非常地可愛且直率，讓我印象非常深刻的是，拍攝那天，她像個充滿好奇心的孩子一樣，看著我們的攝影器材與攝影團隊，左邊看看、再右邊瞧瞧，忍不住還點著頭告訴我：「真的是隔行如隔山呀！」

在一九九二年，洪教授從加州大學回到台灣，也在中正大學開拓「神經心理學」的領域，因為台灣那時候幾乎是沒有神經心理學相關的研究發展。所謂的神經心理學，就是我們常提到的，從大腦的運作來看一個人的行為，許多像我們常提到的自閉症、妥瑞氏症，都是這門學科研究的領域。然而，照理她在六十五歲就要退休，但洪教授認為自己腦筋好好的，腳也還能走，不如把學的東西傳遞給更多人，所以就盡量繼續去演講、寫書。

「我們有閱讀的能力，也有文字傳承。所以我們的知識才可以累積得這麼快。」

洪蘭教授告訴我們，以過去實驗的結果推論，我們常說六個月大的孩子被家長抱在身上，就可以隨時進行親子共讀。這時候如果母親念書給他聽的聲音有起伏、抑揚頓挫，孩子便會隨著念書的人，一同進入書裡頭。我們常發現喜歡閱讀的孩子，他的專注期會慢慢被拉長。等到拉長到足以讓自己安靜地坐在教室裡，表示他的定性已經長出來了。

其實孩子學習任何事物，都是靠「模仿」的，因為大腦裡有鏡像神經元，那麼如果父母親不閱讀，孩子當然也不會跟著閱讀。因此，洪教授與我們分享，親子教育最重要的，就是陪伴在孩子身邊，替他們解決問題。就像洪教授的父親經常告訴她的：「外面發生了什麼事情，回家跟我們講。」她心裡就便會有安全感。最怕的就是孩子不講，可能因為害怕被打、被罵，久而久之，自然什麼都不說了。陪伴的意義，大致等同於心理上的安慰，若孩子回來跟我們

洪教授告訴我們，她想要做的事，正是把知識介紹進台灣，所以早期翻譯了非常多本書。（掃描此照片產生 AR）

分享心事，適當地傾聽、運用「同理心」，便能讓他們對我們建立信任。

同理心，就是站在相同的位置與對方對話。例如，孩子跟你講話，你可以蹲下來，站在相同的高度看著孩子。當你蹲下來，眼睛看著他，你才知道他今天害怕的是什麼東西、為了什麼事情哭泣。如果你以「高高在上」的方式與孩子溝通，便會遇到「下情不能上達」的情形。就像許多人常對憂鬱症的病友說：「你不要這樣子想啊！」「那是過去的事情啊，不要再憂鬱了！」結果呢，每個人都知道昨天的太陽曬不乾今天的衣服，這些話是無法把情緒化解的，聽的人還是會持續地感到鬱悶、糾結。

期許把所學的知識傳遞出去

洪教授用自己的例子告訴我們，她想要做的事，正是怎麼把知識介紹進台灣，所以早期翻譯了非常多本書。尤其是在中正大學的時候，把那些神經心理學的書翻譯進來，讓國人知道，我們的大腦其實是可以改變的。

「孩子是父母親最大的投資，
無論做什麼事情，
都不及啟發一個孩子的心靈更有價值。」

洪教授拍攝《台灣超人》電影的過程記錄。

而洪教授也與我們談到了3C議題，她告訴我們，每間學校只要有一個好的老師，這個學校的學生由此延伸的問題就會減少很多。讓我們的孩子放下手機、不再迷惘的方式其實非常簡單，那就是找到一個比手機更吸引學童的內容。讓孩子看到有什麼東西，比他手機裡面的內容更有趣、更吸引他的話，孩子就會從手機裡走出來了。我們要給孩子一個目標，引導他們發掘自己生命的意義。

洪教授也告訴我們，應該

要學會隨時感恩，正因為有得吃，要感謝農夫；有得穿，有得住，很感謝，很感謝爸爸、媽媽，感謝賜與這些的人。

對於一個教育從業者來說，無論做什麼事情，都不及啟發一個孩子的心靈更有價值。一個孩子就像你種下的一顆種子。他不見得能夠長得出來，可能播種的人這一生也看不到；但是他什麼時候長出來，我們真的不知道。然而，我們還是必須要先播種，才有機會迎來開花結果的結局。洪教授分享，他們做教育就像我們的電影車不斷在巡演，同樣種下一顆顆的種子，期許我們的下一代能開出花朵。我們一直在路上，希望讓路能夠持續、延續，啟發更多的學童。

02 挑戰自我極限的超馬運動員

——陳彥博

曲導：「我相信在成長的過程中，跑步的意義可能會跟著您的年齡、經歷變得不同。現在的您，認爲跑步對自己的意義是什麼呢？」

陳彥博：「我以前認爲跑步的意義在於成績、名次，在於要拿到金牌、冠軍。可是當我從馬拉松轉爲跑極地超級馬拉松，跑步這件事情好像變成是我生活中的一切。」

曲導：「我很喜歡您的吶喊。想請問吶喊給了您什麼樣的力量？甚至讓您在學校，也教孩子們跟著您一起吶喊？」

陳彥博：「其實很多的壓力我都會壓下來。在比賽中到最後終點線的時候，我才會把所有的情緒都嘶吼出來。有幾次我在終點喊到哭，因爲這一路走來確實不容易，可是我走到這裡了。它的第二層意義代表我自己的勇氣，還有我一路的堅持。所以當我去做校園分享的時候，都會請學生上來。當他們勇敢地喊出來時，我看到他們的眼裡是帶著自信的。吶喊，對我來說是重新歸零。當所有的恐懼到頂點的時候，我會吶喊出來，然後重新再去面對我的目標。」

當跑步成了認識世界的工具

陳彥博是一位極地超級馬拉松運動員，他完成了世界七大洲、八大站的超級馬拉松賽，獲得了四大極地沙漠的世界總冠軍。

超級馬拉松精神，就是永不放棄。陳彥博就讀高中時，他選了一個在地球極地奔跑的夢想，從自己實踐夢想的過程到回饋校園，彥博現在帶領著一群學生，勇敢去追逐夢想。

第一次見到彥博，是在包場支持牽猴子公司發行的電影《出發》時，電影裡講述了他經歷過咽喉癌，從開刀復健到在賽場上奔馳的經過。他用沙啞的聲音用生命吶喊，也傳到我的心裡面。因此，在第一波的台灣超人裡，我很快地就想到了超級馬拉松選手陳彥博。

「跑步的態度，就是永遠都不要去放棄你所堅持的。」

超級馬拉松，指涉超過四二・一九公里的馬拉松賽事。彥博的專項屬於極地超級馬拉松，所謂「極地」，意味著比賽地點都是在雪地、高山跟沙漠。因為風險程度太高，比賽不會有獎金，終點線也沒有大批群眾搖旗吶喊。競賽的對手是自己，主辦單位只會提供水，自己要準備好七天六夜的裝備與食物，與孤獨共處。

彥博在學生時代參與了田徑隊，以前對於跑步的定義在於成績，要拿到金牌、冠軍，一切才有意義。後來，他的賽場從馬拉松轉變為極地超級馬拉松，跑步成為了認識世界的工具，也成了生活中重要的一部分。很多時候，他在賽場上要面對的環境，可能就是生死交關的一個決定。然而，這一切的訓練與花費都必須要自己承擔，尤其這麼大的夢想，必須也要擁有足夠強的能量，包括自己的耐力跟肌力。為了訓練這些，他必須去台灣的百岳高山作訓練，例如單

彥博的賽場從馬拉松轉變為極地超級馬拉松，跑步成為了他認識世界的工具，也成了生活中重要的一部分。（掃描此照片產生 AR）

攻玉山、雪山，或者是南湖大山。這些不眠不休地一直跑下去的訓練菜單，才能讓自己能適應比賽的強度。

在過程中，彥博的父母也與我分享，母親在過程中非常掙扎，流下無數次的淚水。甚至彥博每次一出去比賽，他的父母都是緊盯著電腦，看著他是否平安。

印象最深刻的一次，就屬前幾年在戈壁那場比賽，沒有水可以喝，場地又熱、風又大，許多參賽者都發生腎衰竭的狀況。他的父母當然掛心不下，飛到終點翹首盼望等待彥博回來，等得非常焦急。終於看到彥博跑進來的時候，整個身體不僅瘦了一圈，甚至曬到脫皮。但看到彥博不斷邊跑邊吶喊，他們才了解自己的兒子，為什麼這麼堅持說要跑極地馬拉松。從此以後，他們僅是提醒他：「安全第一。」希望彥博不要有太多的顧慮，因為父母都在後面給予支持。

「家給我的力量，
是所有動力的泉源。
在極端痛苦的時候，
你就是會想要回家。」

吶喊的意義

在每一次比賽回到台灣的空檔，彥博時常會進去校園作分享。他會請學生大聲吶喊自己的夢想。正因為要面對這麼多人是不容易的，當他們勇敢吶喊的時候，眼裡總是充滿著自信。會做這件事背後的原因，正是因為彥博在高中的時候，其實是一個沒有夢想的人。他非常感謝潘瑞根教練在每天訓練後，都要他去做省思，也給了彥博勇敢夢想的機會，讓他把目標鎖定在全國冠軍，他因此學會長跑，進而現在能到世界各地去參賽。

「有些人會先到終點，
有些人可能會離開跑道，
但是只要朝著你的方向跑，
你就會到你自己的終點。」

彥博在終點時的吶喊，代表了對自己的肯定，他看到了自己的勇氣與堅持，讓他可以一路跑到這裡。

潘教練回憶起這件事，告訴我們說他當時看到彥博的夢想，是彥博做了一張圖，畫了自己跑在地球上的樣子。

其實潘教練第一眼看到是嚇了一大跳的，因為看到這個過程不僅非常危險，也是要耗費更大的心力去訓練的。但沒想到的是，正因為潘教練讓學生們勇敢逐夢，給了彥博對未來人生的目標，讓他跑向了全世界，用雙腳看到了世界的高度。

夢想使人成長，給人的力量是無限大的。彥博說他在比賽與演講分享之後，會收到許多訊息，告訴他說謝謝彥博給了他們力量，讓他們勇敢做夢。彥博告訴我，這一切正是以前高中時教練給的初衷，讓他如今成為一位散播夢想種子的人。

有幾次，彥博在終點的時候喊到哭了。因為這個吶喊是對自己的一句肯定，就是一句「Good Job！幹得好！」同時也代表著他看到了自己的勇氣與堅持，讓他可以一路跑到這裡。

在這趟長跑的路上，讓他真正學到的是「如何與孤獨共處」。在這個環境中，能安然地找到自己，聽自己的聲音。當靜下心來，眼前所看到的是會讓人雞皮疙瘩的感動。像是在南極的比賽，在比賽到終點時彥博坐在冰雪上，那個時候下著雪，突然在那麼一刻，他感受到自己花了一輩子的時間去找到了自己。

那時候他被醫師診斷患了咽喉癌，擔心會不會這輩子就這樣了，還會造成父母的經濟負擔，但他是真心熱愛這件事情的，想要投入在人生上面。他與自己對話，跟自己和解，找到自己的價值，並決定全力以赴，投入在自己的未來道路上。

03在無常中學習「接受」的槑齋畫家——黃秀華

曲導：「請您與大家分享一下，爲什麼您能露出這麼棒的笑容？」

黃秀華：「其實在二十八年前，我的人生遇到過一個很大的挫折，那就是癌症。經歷過這樣的生命轉變，我認爲人生給了我一門很大的功課。我覺得把我自己放小、去面對，就可以笑看世間的任何事情。接著在民國九十七年，我的兒子因爲一場車禍走了，那是我人生中最大的痛苦，可是你要怎麼辦？學習面對。」

曲導：「『學習面對』這四個字，很多人聽起來很簡單，我覺得這確實是我們人生必須面對的一大課題。能不能請您與我們分享一下，您學習面對的過程？希望這個過程能分享給更多的朋友了解，可以讓他們也可以眞的學習到怎麼去面對。」

黃秀華：「在我兒子走的時候，大概有一年時間我不想出來見人，那時候你會覺得世界都是黯然的。後來我就想如果我在這個傷痛之中，整個家庭都會不快樂，我也漸漸學會怎麼面對。那時候是我的父母給了我最大的動力，我覺得說，我傷心的話父母也會傷心。」

Lisa 姐說，人生就如同黑麥麵包一樣，它的質地很粗獷，不可能百分之百順利，但在經歷過搓揉，以及長時間的發酵之後，便可以收穫圓滿。（掃描此照片產生 AR）

死別與病苦，為人生帶來的意義

Lisa 姐（黃秀華）的故事有著「人生七十才開始」的精神，她的笑容伴她走過親人的離逝與身體的病痛，可以看見她經歷無常後，對於生命的坦然。

她創立藝文展覽館槑齋[3]，用心去傳遞看盡山水以後的真摯情感。

她告訴我，生命裡有門功課叫「接受」，接受人生無常，接受親人離世，接受愛憎美醜，以及接受自己的相貌、天賦。Lisa 姐分享，她在二十八年前，曾遇到了一個非常大的挫折，就是癌症。在確診之後，與丈夫抱著哭，擔心著萬一離開以後，孩子、丈夫該怎麼辦。

Lisa 姐與丈夫，在年輕時從事烘焙業。

她以製作麵包來比喻，告訴我人生猶如麵包，在經過時間的考驗與歷練後才會發酵，慢慢成形、堅定，具備漂亮的模樣。經歷過這番人生的轉變，也讓她真正去反思生命的意義。

3 編按：「槑」音同「梅」。

Lisa 姐與導演、拍攝團隊於槑齋合影。

「經歷過生命的很大的轉變以後，
才讓我真正地去反思，
學習如何面對。」

民國九十七年，Lisa姐人在海外的兒子，在一場車禍中離世。那時，Lisa姐感覺整個世界幾乎都是黑暗的，親人的離逝與自身癌症的病苦，讓她非常難受，也因此讓她開始學習，去面對生命的考驗。

Lisa姐說，人生就如同黑麥麵包一樣，它的質地很粗獷，不可能百分之百順利，但在經歷過搓揉，以及長時間的發酵之後，便可以收獲圓滿。

她也告訴我們，要用感恩、珍惜、祝福的心享受當下，因為當下就是福，當下就是愛，當下「自在如是」。

留存善美的「槑齋」

與Lisa姐認識之後，知道她有個據點叫做「槑齋」。關於槑齋，「槑」是梅的古字，就形體上像是相親相愛，像是「兩個呆在一起」。「齋」就是家的意思，而一個家一定是由兩人以上組成的。俗話說：「家和萬事興」，家就是最好的修行道場。槑齋想帶給大家的，就是生活上的善與美，「善」來自於慈悲，「美」是從生活裡面的體驗感悟。

在槑齋裡，我們能夠感受到肅穆莊嚴的氛圍。

槑齋的誕生，則起因於Lisa姐受到的啟發，她發現日本人會有將文化世代相傳的特色：京都的寺院，每一百年一定要定期整修一次，然後把工法流傳給下一代。這樣的傳統，讓Lisa姐大為震撼，也成為了推動她去做這件事情最大的動力。

於是她把台灣最好的檜木、樟木、肖楠，雕成佛祖的樣貌，希望能夠流傳下來。

「人往往就是很怕踏出去，
可是當你有勇敢跟自信，
踏出去之後會有美好的回報。」

現在已屆七十歲的Lisa姐也是活到老、學到老，在這樣的年紀仍隨心所欲地畫著圖，記錄自己對於生活的體驗，與對生命的體悟。生、老、病、死的苦痛，乃是人生必經的過程，無常則是我們生活的常態。學會面對生命的不圓滿，並從其中拾獲意義，相信我們將會因此成長，並在這趟旅途中磨練得愈發成熟。

04 生命是一趟悅讀的過程——李偉文

曲導：「老師，請爲我們介紹閱讀的重要性。」

李偉文：「面對變化莫測的時代，閱讀是一個能有效去理解世界、探索世界的工具。因爲閱讀的習慣，讓我不怕面對世界任何的改變。」

曲導：「請您與我們分享一下『開卷有益』這四個字。」

李偉文：「當我們擁有持續的閱讀習慣，看愈多的時候，我們相關的背景知識就愈多。看得多，理解力變強，速度也會愈來愈快。閱讀不只能讓我們的身心能夠安頓，也同時可以讓我們理解世界發生什麼事情。」

曲導：「您爲什麼這麼喜歡接近大自然？大自然給了您什麼樣的啓發？」

李偉文：「雖然都市化之後，很多人基本上已經比較少在接近大自然，但是只要經過適當的引導跟學習，我覺得任何一個人回到大自然，都會覺得很輕鬆、很自在。不論任何年齡的孩子，一定要保留一些時間來接近大自然。」

以閱讀作為探索世界的工具

認識李偉文老師，是透過一位朋友介紹。當時我還正在電腦上觀看李老師談《退休進行式》的影片，突然訊息響了，朋友說希望約我與李偉文老師認識，讓我嚇了一跳。碰到李老師之後，更讓我訝異的是，他對於時間管理這一塊，真的是非常地厲害。

李老師每年有將近兩三百場的演講，他沒有手機，卻可以把這些行程安排得如此地好。

他除了牙醫師的本業之外，同時也是荒野保護協會的榮譽理事長，是作家，也是講師，讓我也對他充滿了好奇心。李老師培養時間管理的習慣，讓他在斜槓人生裡收穫滿滿；而他對於萬物的好奇心，也讓他樂於學習，不怕世界上出現的任何改變。

在拍攝時，我們走進他的牙科診所，儼然就像是一座小型的圖書館。他與我們分享，在瞬息萬變的數位世代，更需要「返璞歸真」。

他回應了我對他的好奇心，在我問他：「為什麼李老師可以什麼事情都懂？」他告訴我：「因為閱讀。」李老師每一個月大概會讀二十本書，訂了二十幾種雜誌，所以一個月大概可以讀到四十本書以上。當面對新的事物或者是陌生的領域時，他就會去找那部分專家所寫的書，看過一、兩本之後，就能夠有個概念。

「面對這麼變化莫測的時代，
有了閱讀習慣，
讓我不怕面對世界任何的改變。」

他透過閱讀關心世界，並以此作為探索世界的工具。他也曾實際參與環境保護的行動組織，包含在三十年前成立「荒野保護協會」，也正是在他的診所裡籌備跟設立。

然而，閱讀的方式有很多種。

李偉文穿著荒野保護協會團體 T-shirt 與太太合影。

閱讀的工具的確會影響到我們的認知，當我們在看書的時候，大腦會知道我們要專注在閱讀；但是當使用手機時，螢幕裡面跳出其他的視窗，就會干擾大腦思考、導致分心，令我們思考到底要繼續看，還是分心看一下這個跳出來的東西。

所以李偉文老師鼓勵我們多以紙本閱讀，因為它可以讓讀者進入到完全不同的世界。

閱讀的功效，發生在「掩卷」時

正所謂「開卷有益」，閱讀的另一種功效，便是發生在「掩卷」的時刻。掩卷，就是閱讀完之後，闔上書本的沉思；正是當我們讀到為它讚嘆，為它想乾一大杯，執卷長嘆的時候。

李老師正是用自問自答的方法，來促進自己的理解力與專注。尤其現在人的專注力愈來愈少，受到數位時代的影響，資訊跑得太快，但我們對一個新的

李老師與我們分享，閱讀的另一種功效，是發生在「掩卷」的時刻。（掃描此照片產生 AR）

事物，或對比較困難的事物要進行理解的時候，可能都要花十秒鐘去思考，才能理解這句話。

而我們該如何訓練自己保持專注？李老師與我們分享，最簡單的方式就是每看完十分鐘、二十分鐘就停頓下來，問自己剛剛書裡面講什麼內容，嘗試讓自己從剛剛看過的東西裡面，抓出兩、三個重點，最好是再跟其他人分享。當一個人看完一本書之後，很急著想跟其他人分享，正是生命中最棒的情境。與作者的內心深深取得共鳴，那本書所帶給他生命中的激動跟感動，就會讓他的人生不一樣了。

親近自然，能讓我們感到自在

李老師與我們分享，在台灣，有個得天獨厚的優勢，正是在任何都市裡面，花大概二、三十分鐘車程，就能到小溪流或山坡。

雖然隨著都市化之後，很多人基本上已經愈來愈少去接近大自然。但當任何一個人回到大自然，相信不分年齡都會感到自在。

不管任何年齡的孩子，如果能夠保留一些時間接近大自然，即便是在家裡種一些盆栽，創造小小的自然場域，都可以變成一個很好的祕密花園。

當現在的孩子普遍開始關心環境，他們可以透過手邊的數位工具去傳達自己的感受。

所以我們現在要做的是，帶領孩子們去感受自然環境，認同這塊土地。當他們理解真實世界有什麼變化正在發生，未來他們有能力時，便能組織起來為環境付出行動。

管理自己，而非管理時間

而談到時間管理，李老師說，這個世界對每一個人都很公平，大家每天都擁有二十四小時的時間能夠發揮。

李老師的管理之道，並不在於直接管理時間，而是管理好自己。所謂「管理自己」，就是說要先檢視自己一天二十四小時裡面，時間是怎麼分配使用的。簡單來講，要先找到偷走時間的賊。

「時間是沒辦法儲存的，
所以我們只能管理自己的行為，

沒有辦法管理時間本身。」

他自己從國中時期便養成一個習慣，大概每半年左右，會挑十天的時間，很仔細地記錄從早上起床到晚上睡覺，中間這段時間做的每一件事情花了多長時間。

做這件事的意義在於，能否非常清楚地在生命中每個階段，找到自己真正想做的事情，未來把時間花在這上面，而且持續做下去。當李老師有所心得之後，便開始透過各種方式來參與社會、服務社會，同時啟發別人。談到他接下來的人生目標，他說「學習—啟發自己，分享—啟發別人」，則是他現在最想做的事情。

05用鋼索連結世界——康木祥

曲導：「您在用鋼索創作的過程中，有沒有曾經遇到過什麼困難？後來是怎麼去解決的？」

康木祥：「用鋼索創作其實是非常辛苦的，因爲過程需要力道，需要經過淬煉，會對身體造成不少傷害。但是我還是希望接受這個過程，因爲想要讓鋼索成爲動人的藝術作品。」

曲導：「想請教康老師，您認爲進行木雕創作，和進行鋼索創作時，兩者的過程有什麼不同之處，或有什麼特別需要注意的地方嗎？」

康木祥：「雕刻時拿了刀就要非常地專注，因爲它是『減法』，是沒有辦法回頭的，一刀砍下去的時候就決勝負。所以在雕刻的時候，判斷能力要很足

夠，每一刀都要算準，不能失手。這個道理，就算轉換成鋼索也是一樣的。」

從雕到塑，使鋼索重生

康木祥，出生於苗栗通霄，在海邊遼闊的地方長大。他說，受到從小成長環境的影響，心胸變得寬廣，所以許多作品都以較大的體積呈現。

康老師最開始用鋼索創作的緣由，來自於台北一〇一大樓的高速電梯退役下來的一批鋼索。因為希望能讓負載過許多人的鋼索重生，康老師便嘗試以「融入先前接觸過的生命元素」的方式進行創作，重新賦予這些鋼索第二次生命，讓植物、海洋與人類等元素呈現在作品中。以鋼索這類堅硬的素材進行創作，也是希望能夠「以柔克剛」，跳脫框架的束縛。

十二歲時，康老師曾依照父親的安排，加入家中的木雕事業。雖然對外界的好奇心，一度讓他外出、投身不同的行業，但最後還是回到父親身邊，學習木雕技藝。因為靠海的城市都拜媽祖，他的木雕作品多為傳統神像。

康老師認為，木雕是一門「減法」的藝術，它的創作方式其實是非常大膽且自由的。鋼索創作也有著相同的道理，必須要在判斷周全的情況下執行，沒有回頭之路。進行鋼索藝術創作時，必須將鋼筋加熱、加以軟化，才有辦法將之塑型。為了創造出完美的作品，康老師堅持在灼熱的環境裡，持續透過雙手創作。儘管工作有時會燙到身體、極高溫令他感到不適，仍希望作品能以最理想的樣貌問世。當他人問起康老師是「怎麼做到的」，他說，不要怕困難，當困難來臨，就是我們要進步的時候了。解決這些困難，我們就成功了。

康木祥老師與作品《生生不息》合影。（掃描此照片產生 AR）

「當困難來臨時，就是進步的機會。」

每一次的創作，對於康老師而言，都是不斷交流的過程，與自己對話、與作品溝通，和其他人分享闡述。他與我們分享，只要用「心」去做每一件事情，相信每一件事情都會讓我們享福。以「愛」來創作，過程所遇見的困難都會被逐一克服，而我們也會慢慢走出一條屬於自己的路。

曾經有一段時間，他遇到很大的瓶頸。於是康老師一個人跑去龜山島，整整一年把自己關起來。靜靜在龜山島思考，接下來的創作能如何走下去？

於是，康老師去感受土地，回想往事與回憶的甜蜜，開始去欣賞它們，去聞到它的香味。他希望把它們記錄完整，所以做了一些神木的雕刻，記錄了在這塊土地生活了上千年的生命。

面對轉折，順勢而行

康老師的鋼索創作中，有件胚胎造型的作品，叫做《無限生命》，以「孕育」作為創作核心概念。這是全球第一件以電梯鋼索進行創作的作品，讓台北一〇一退役電梯鋼纜重生，也成功地開啟了康老師「一條連結世界的鋼索」的藝術行動。老師與我們分享，在創作這件作品的過程中，最困難的就是製作作品下凹的「轉折」。如同我們在人生中遭遇轉折與改變，需要花上更多的力氣去面對、克服，在製作作品的「轉折」時，也必須用非常高的溫度去烤，才有辦法使它產生彎度，過程是非常辛苦的；面對轉折與改變的力量，肉體上也會感覺到非常疼痛。

老師告訴我們，人生可以不用太複雜，也不用太順遂，因為在波折的時候，才會產生自己的想法。如同這一條鋼索，在加溫時可以變得非常柔軟，但也會因此變得無法一下子就能夠固定，因為彈性的關係，當我們的手一放掉，它就會彈回原本的形狀。遇到困難時，我們也可以學習到這樣「順勢而行」的精神。

康木祥老師與作品《無限生命》合影。

第一次見到康老師，便發現我們一見如故、一拍即合。之後我們也進行過幾次交流，他與我分享自己使用鋼索的創作模式，告訴我他會順著那些鋼索、與它培養長期的感情；而我也回饋了自己用邏輯來管理、用價值來衡量的工作方式，雖然不會需要使用到太困難的工具，但用心體驗、順手處理瑣事等習慣，也是相當重要的事。

看到康老師走過無

我跟康木祥老師過去未曾見過面，但一見如故。康老師說就好像好久不見的老朋友，明明沒有見過，卻都知道自己的想法，非常了解自己。

數的旅程，豐富的經驗讓他累積了深厚的內涵。許多人對於他的印象，來自他瀟灑的長髮，其實他告訴我，那也不是特意去留的，只是希望把時間留給創作，別人怎麼看他，其實並不是那麼重要。康木祥老師的電梯鋼索作品，於德國柏林、瑞士、法國巴黎、德國漢堡市政廳、美國百老匯大道、華盛頓雙橡園、紐澤西大地雕塑公園等國際知名城市、地標巡迴展出後，返鄉回台，目前於墾丁國家公園、鵝鑾鼻公園展出。他說，希望能透過一條又一條的鋼索，把世界五大洲串連在一起。在家中陪伴著他的女兒，也表示希望能夠協助康老師一起完成這個夢想。或許這條鋼索，不僅連結了世界，也連結家人之間的情感與夢想。

附錄

王志揚墨寶釋義

劉大潭（殘生奇香）

劉大潭天生身體有缺陷，但他不因身體的缺陷而拘限著，不怨天不尤人，視其為增上緣的動力，往往能在淬鍊中激發更卓越的成就。

用手走路的發明家劉大潭，雖然雙腿不良於行，但他運用靈光的頭腦，發明了六十三段變數拼裝車，擁有二百項專利。他所發明的產品，行銷到全世界，翻轉了被認定只能當「乞丐」的人生。

樹有殘而生奇香，人有缺而遇奇緣。樹因受傷而成瘤，成瘤之處往往更為堅硬，且散發出更濃郁的香氣，以抵抗外力的破壞和蟲蛀。

林啓通（大山）

林啟通是唐寶寶的守護者，他幫助唐氏症的孩子開啟音樂的窗口，教導他們吹奏陶笛，找到生命的光彩。

對唐寶寶而言，林啟通就像是他們生命中的一座「大山」，大山給予草木滋養，給予依靠。唐寶寶跟林啟通在一起時，總是不由自主地依偎著啟通老師，如同草木依附著大山而獲得滋養與守護。

大海不排細流而能成其廣，大山不擇萬物而能促其偉。

阮錦源（半九十）

阮錦源是全國首位完賽鐵人三項的殘障選手，代表台灣參加殘障奧運比賽。阮錦源在二十九歲時，開貨車的意外車禍奪走他的左小腿，他曾經陷入一陣沉默，但他花了十分鐘就選擇面對，他告訴自己：沒有沮喪的權利。

雖然少了左小腿，但阮教練更勇於去救難助人，擔任教練幫助更多的學生。他現在不僅可以跑步、騎腳踏車、游泳，甚至以自身經驗鼓勵更多身體殘疾的人，調適自我、專注於內在，一起去運動。

「行百里者半九十」，行程百里，走了九十里，只能算走了一半，比喻成事在即，反而愈是艱難，勉勵人應再接再厲，愈挫愈勇，堅持努力，事成方休。

楊玉欣（磨而不磷）

正當花樣年華，人稱「音樂才女」的楊玉欣，當她從醫師口中證實自己罹患「三好氏遠端肌肉無力症」，當她聽到父母和姐姐的嚎啕大哭，她感到難過與絕望。

面對未來即將面臨的病苦，楊玉欣發現自己沒有時間悲觀，她想：「即使生病有苦難，也要活出意義和價值。」她努力思考兩個問題：「要活出怎麼樣的人生？」「應該要怎麼活？」

現為「病人自主研究中心執行長」的楊玉欣，也是「台灣弱勢病患權益促進會」常務理事。她推動《病人自主權利法》，希望病人自己能有所選擇，保障有尊嚴的善終權。

「磨而不磷，涅而不緇。」語出《論語．陽貨》，其義，愈是堅硬的，磨也磨不薄；愈是純白的，染也染不黑。喻人堅貞高潔的品格，不因外界環境的磨練而改其志。

陳美麗（鳳凰涅槃）

美麗在受傷前很美麗，也喜歡任何美麗的東西，任何流行的衣服、飾品都能在她身上看到。

燒傷是一次難以言喻的重創，顏面的毀損、內心的碎裂，讓原本是美麗鳳凰的她幾乎被焚毀。因為親情、因為責任，她轉念，視這嚴重的燒燙傷為生命的昇華。

鳳凰浴火燃燒，向死而生，淬鍊中得永生。

趙文正（被褐懷玉）

靠著拾荒、薪水，趙文正與許文龍、張榮發、戴勝益並列為二〇一二年《富比士》雜誌評選為亞洲行善英雄。

像遊民般在垃圾堆中翻找，從事資源回收工作，只為幫助更多困苦的人。

自稱為「拾荒小人物」的趙文正，認養了十幾個國家的貧困孩子，「不為自己求享受，只願眾生皆離苦。」是他為自己堅持拾荒、捐款所做的註腳。

《道德經》第七十章云：「知我者希，則我者貴；是以聖人被褐懷玉。」其意，能明白我所言的稀少，而能學習我所做的更是可貴。因此，得道的賢者，雖是披素樸的布衣，內裏卻是珍貴的寶玉。「被褐懷玉」，比喻人雖外處寒微，內在卻精神飽滿。

莊傑任（松柏後凋）

兩萬五千伏特的高壓電電擊，七五%三度電燒傷，遇到這樣的狀況還能奇蹟生還，莊傑任是天選之人。

面對血肉模糊、鏡子裡不認識的自己，經歷二十三次手術、六次清創、六次植皮，如人間煉獄般的折磨，莊傑任終究挺過來，而且化身為護樹天使。

子曰：「歲寒，然後知松柏之後凋也。」最寒冷的氣候來臨時，大部分的植物都凋零了，才知道松柏挺拔不落，猶如人在最艱困的環境中，勇往直前，不辱初心。

曾琮諭（自愛鏗聲）

受妥瑞症干擾不自覺地放電，讓曾琮諭會不由自主地眨眼、發出清喉嚨的聲音，無形中干擾別人，也因為別人的不理解而招來異樣的眼光，甚至霸凌。

他曾經選擇輕生，但命不該絕。從討厭自己，到接受自己，甚至願意走出來面對大眾，進而改變人生。

蘇東坡詩云：「莫嫌犖确坡頭路，自愛鏗然曳杖聲。」樂觀豁達的人，面對崎嶇不平的人生，選擇不嫌棄不逃避，反而可以竹杖輕行，輕舟過重山。

廖燦誠（道墨一氣）

曾經是國立藝專美術科西畫第一名畢業，同年，他參加大專組書法比賽，也榮獲第一名。畢業後投入職場，由於太過專注於工作，忽略了眼球的病變。

三十歲突然單眼失明，四十二歲雙目全盲，廖燦誠在黑暗中摸索。憑著腦海烙存一位身著太極服的老先生，戴著墨鏡自如揮毫的印象，他打開心眼，筆蘸墨汁，捕捉書畫的創作力。

形而下，謂之器；形而上，謂之道，藝術的最高境界必須由藝入道。書法是一門藝術，若能化入「道」的意境，揮毫時行雲流水、心墨合一，必能達到「心忘其手手忘筆，筆自落紙非我使」的境界。

劉一峰（含垢生香）

「法國爸爸」劉一峰神父，二十五歲從法國來到台灣傳道。四十一年前在花蓮玉里成立「安德啟智中心」，幫助智能不足的青少年或中年人，帶著他們烘焙、做麵包，希望讓那些智能不足的孩子有個家。

除了孩子外，劉一峰神父也幫助領有殘障手冊的人，讓他們可以以自己的能力工作。同時，他也幫助有前科紀錄的更生人，希望他們有重返社會的機會。他帶著更生人一起做環保回收，並將這些收入用來幫助智能不足的青少年和中年人。

劉神父帶著更生人在汙穢的垃圾堆中做環保回收，為弱智的人們找尋機會，猶如蓮出淤泥不染塵，淨植濁中飄傲香。

吉雷米（強行者有志）

二〇〇六年從法國到台灣當國際志工，吉雷米到花蓮玉里劉一峰神父的啟智中心當志工，受到劉神父的啟發。二〇〇九年，他要回法國的那一天，在電視上看到小林村被滅村，他放下行囊投入救災，那當下，他決定守護台灣這塊土地，從此定居台灣。

既然決定住在台灣，他搬到台北開始接觸跑步，沒想到成為台灣知名的馬拉松選手。有一次，吉雷米看見有人揹三太子跑步，他心血來潮決定做一個挑戰，想要揹著三太子環島。天主教徒的吉雷米，在執出三個聖杯，經過三太子的允許，在艱辛的過程中，他完成了揹三太子環島的使命。

《道德經》三十三章：「知人者智，自知者明，勝人者有力，自勝者強；知足者富，強行者有志。」凡為了理想，堅持初心，百折不撓者，必懷有強大的志向。

吳道遠（道不遠人）

來自瑞士的吳道遠神父，民國六十年來到台灣，他先到澎湖服務，接觸到心智障礙的朋友們，他以做美勞、教畫畫的方式陪伴心智障礙的朋友。之後，他又奉派到台南服務心智障礙的朋友，並成立「美善社會福利基金會」。

談起他的中文名字，他開玩笑地說：「道遠，就是從很遠的地方來。」其實，對於天主交付的使命，有著任重道遠的深意。吳神父常說：「身心障礙的朋友是我們最好的老師，也是我們社會需要的人。」

子曰：「道不遠人。」道，不離生活；不故作高深。如同吳神父雖任重道遠，卻時時實踐，落實在生活中。人生的正道不在遠處，就在你我周遭。

秘克琳（一道暖流）

來自義大利的秘克琳神父，二十九歲來台，在宜蘭成立蘭陽舞蹈團，他是第一位以文化藝術貢獻取得身分證的外籍人士，也是宜蘭童玩節的重要推手。

秘神父在天主堂成立舞蹈班、籃球隊、合唱團，希望活潑的活動能吸引年輕人加入。當時，他看到台灣外交的困境，於是成立「蘭陽舞蹈團」，帶著孩子走出狹隘的世界，開拓孩子們的眼界。同時也引進國際性的舞蹈團來台表演，促進國際間的藝術文化交流。

秘克琳神父以愛澆灌孩子、以藝術滋養孩子，開展他們的國際視野，對偏居台灣後山資源不足的孩子而言，他所注入的藝術能量，猶如大旱之望雲霓。對身處淩寒，渴望溫暖的孩子們，他便是那一道暖流。

王志揚（化泥）

王志揚，是一位書藝家。他寫的每個字，都有靈魂；透過口說詮釋，讓他的書法彷彿有了生命。

曾經歷經生命的谷底，王志揚的妻子在女兒兩歲九個月時因病驟逝。單親爸爸的他獨力扶養幼女，他以言教身教作為女兒的學習榜樣，使女兒成為品學兼優的孩子。十多年來，他雖處貧困卻安貧樂道，以大自然為師、以書法為藝、以孔孟老莊為道糧，終於揮灑出不一樣的人生。

「落紅不是無情物，化作春泥更護花。」乃清朝中後期思想家、文學家龔自珍名句，其義比喻，不會有被浪費的人生經驗。凡所經歷的事，都將化為下次經驗的養分，就像花落化泥，終為養分，等待因緣具足滋養花開，循環不墜。

陳彥翰（老樹拏雲）

子承父志的陳彥翰，是台東「孩子的書屋」創辦人陳俊朗的長子，也是台東書屋文教基金會董事長兼執行長。陳彥翰坦言說：「在長大過程中，看到爸爸為其他孩子付出的關懷，有一種爸爸被奪走的感覺，剛開始心裡是有怨懟的。」但看到家裡的庭院總有孩子在寫功課、彈吉他、練拳，那場景總是非常熱鬧、有溫度。有一瞬間，他被感動了，感動來自彼此相聚的溫暖。

陳彥翰在父親「陳爸」不預警地倒下後，毅然決然承繼爸爸的志願，選擇接班。二十八歲接下父親的遺志，他必須想辦法延續「孩子的書屋」，讓偏鄉的孩子能夠有閱讀、學習的機會，並且找到自己生命的價值。

明代文學家徐渭〈夜宿丘園〉詞云：「老樹拏空雲，長藤網溪翠。」老樹向光而長，猶如君子有拏雲之志，向道而行。

孫翊倫（勁草不隨風偃去）

身高一百公分、體重十五公斤的孫翊倫，長期與病痛奮戰、不放棄的人生態度令人讚賞，曾獲總統教育獎、周大觀基金會全球熱愛生命獎章、兒童少年好YOUNG人物「人生價值類」獎。

先天發育不全，孫翊倫為了健康、為了活下去，以游泳來擴胸復健，避免內臟受到壓迫致命。雖然從小就遭受到異樣眼光，樂觀開朗的他不以為意，他說：「很多人叫我『一輪』，但是我想要把生命活成四輪！我希望未來能從事電腦程式設計工作，研發一套協助身心障礙者的生活輔助系統。」

孫翊倫堅韌的生命力，猶如北宋詩人范仲淹名句：「勁草不隨風偃去」，小草雖柔弱但性勁，颶風吹過，伏草惟存。小人物雖遇難而不屈，迎逆而上，展現其不可奪志之氣概。

沈利倩（凌風不受呼）

出生時罹患白血病，沈利倩歷經十次化療與骨髓移植的療程，最後雖然保住生命，右腿卻因此截肢。在家人與師長鼓勵下，沈利倩立定了人生的志向，積極投入社會志工行列，創造自己的人生價值。

沈利倩在國中時期曾經因為穿義肢而被嘲笑、被霸凌。現在的她，稱自己的義肢為「美人腿」，勇敢地穿著短褲，展現最有自信的自己。她和爸爸帶著老鷹進入校園，進行環境教育、生命教育的巡迴推廣，同時，創作出《老鷹紅豆的故事》兒童繪本，獲頒總統教育獎。

詩人以鷹抒懷，「即看一擊遠千里，更愛凌風不受呼。」馴鷹有一擊遠千里之氣慨，以助主人擒殺獵物而博得讚譽。沈利倩更像是遨遊天際的蒼鷹，享受凌風不受呼之自由自在。

姚宥米（凝於神）

姚宥米天生患有腦性麻痺，雖行動不便，仍以勇敢、正向樂觀的態度面對人生挑戰，完成迷你馬拉松、泳渡日月潭。二〇二二年她遠赴丹麥參加國際腦麻競速車競賽，獲得三面金牌，讓世界看見台灣腦麻兒童的韌性與毅力，並且二度榮獲總統教育獎。

姚宥米臉上總掛著燦爛笑容，人家都形容她像小太陽，所到之處帶著陽光。她樂於關懷弱勢兒童，用自身經歷積極為身障兒童發聲。她說：「我不會走路，但我可以跑向世界。」

《莊子．達生》：「用志不分，乃凝於神。」若制心一處，無事不辦之境界。腦性麻痺的姚宥米用競速車不斷前進，持之以恆，終於跑出自己的一片天。

黃泰吉（浩然氣）

黃泰吉，南投縣空手道委員會的總教練，因為熱愛空手道、因為熱愛教學生，在九二一震災之後，他主動幫助南投偏鄉與清寒的孩子。自一九九九年至今，幫助過的學生超過千人，成績累計超過五百面金牌。

黃教練教偏鄉地區的孩子學習空手道，他認為空手道不只是運動，也是生活習慣的養成。孩子的禮儀規範，可透過練習空手道的過程來培養。他說，空手道最主要是面對挫折，從白帶到黑帶，會面對很多的壓力，一次又一次的失敗，甚至在比賽過程中可能被打傷。這過程能夠養成孩子不怕挫折的意志力。

《孟子．公孫丑》：「我知言，我善養吾浩然之氣。」孟子解義，其氣至大至剛，必須用真誠正直去培養，並且行為符合正義正道，那麼這股浩然正氣將源源不絕而不餒。

林易超（跛鱉千里）

背負近三十公斤醫療器材和用品，林易超艱難地一步一步走進病患的家，幫病人做治療。林易超說：「我本身是小兒痲痺患者，行動不方便，並不適合做到宅醫療。但我發現，許多病人是需要到宅服務的。」他到宅醫療的對象是脊髓損傷、中風癱瘓與植物人等，因為這些病患是身障、重症或行動不便。

在偏鄉地區，單是牙痛就可以把一個人折磨到生不如死。牙醫林易超的到宅醫療，不僅解決病人牙齒的問題，他甚至關心病人的整體狀況。尤其在每一次的到宅醫療後，他都會與家屬一起禱告，讓家屬和病人都感到溫暖和平安。

《荀子．修身》：「故蹞步而不休，跛鱉千里。」即使半步半步前行，只要努力不懈，也能像緩慢又跛行的鱉一樣，終可致千里。

杜英吉（一生懸命）

今年八十六歲的杜醫師是目前屏東執業中最年長的耳鼻喉專科醫師，他發現「喜憨兒」小時候很可愛，能得到社會許多的關注和資源。但小憨兒慢慢長大，成了老憨兒，漸漸被遺忘、被忽視。於是，杜醫師成立「迦南身心障礙養護院」，專以老憨兒為服務對象。

杜醫師一生奉獻給醫療，關懷需要被關懷的憨兒們。因著杜醫師的身教——助人為快樂之本，他的孩子、孫女，一家三代都以幫助憨兒為職志，共同經營養護院。

子曰：「不知命，無以為君子也。」人生在世皆具使命而來，不知者，渾渾噩噩過一生。而杜醫師知其天命，一生懸命，制心一處朝著理想，持之以恆，全力以赴，直到生命盡頭。

姜義村（愛無礙）

姜義村是台灣師範大學特殊教育學系的教授，他長期關注身障者，推動「愛運動、動無礙」。他努力推動平權，讓身心障礙者能夠透過運動走出家門。

過去，身心障礙者在學校裡遇到體育課，通常是在教室裡休息。後來，姜教授推動身障運動課程，讓身障的孩子有機會可以上體育課。他舉一個智障的孩子為例，這個孩子一開始只能跑步，後來可以騎車，現在還可以游泳。他發現，只要給予身障孩子機會，他們也可以跟一般孩子一起學習。

姜教授的愛，是平權的愛、是無分別心的愛。愛的給予是真心無條件的，是讓對方心受的，是不求回報與無罣礙的愛。

葉丙成（修己以安人）

台大教授葉丙成，創辦超過一百五十萬名學生使用的PaGamO遊戲學習平台，同時經營了一所學校「無界塾BTS實驗教育」，培養學生自主思考的能力，主張翻轉教育，玩出創新。

十年前，當葉教授看到電視廣告常常有線上遊戲，他心中產生一個想法：「線上遊戲的廣告這麼多，代表大家對這件事是有興趣的。如果把線上學習跟遊戲連接起來，那麼，學生既可以打遊戲，也可以幫助學習。」他認為，培養學生自主學習能力是非常重要的，他希望透過PaGamO遊戲學習平台，培養孩子養成終身學習的習慣，靠自己去網路上找資料，解決需要解決的問題。

孔子心中「君子」的理想典型，乃「修己以敬，修己以安人，修己以安百姓。」認為君子應時刻修養自己並保持敬重之心，葉教授推己及人，運用電腦網路的專業，幫助孩子們在遊戲中學習，嘉惠於人。

吳俊傑（風斯在下）

曾經是「追風王子」，現為「追風歐吉桑」的吳俊傑，在二〇〇三年為全亞洲啟動「追風計畫」，用飛機去探測颱風，在科學上有重大突破，也對中央氣象局的颱風分析與預報，帶來各種不同層面的影響與貢獻。

為什麼台大大氣科學系教授吳俊傑會堅持如一地「追風」？吳教授說：「追風計畫是有風險的，但科學家有個特質，因為有熱情，就會有憨膽願意去做。只要在合理且安全的範圍內，就會願意去嘗試。」

風斯在下，語出《莊子．逍遙遊》：「風之積也不厚，則其負大翼也無力。故九萬里則風斯在下矣，而後乃今培風。」大鵬鳥憑風而高飛，人在淬鍊中累積專業超越自我。

吳宗信（怒而飛）

談到台灣的太空發展，可能會先想到二〇一九年發射的「福衛七號」；若談到火箭，令人想起的是國家太空中心主任，人稱「火箭阿伯」的吳宗信。

從小對沖天炮情有獨鍾的吳宗信，沒想到火箭會成為他的夢想。為了國產衛星載具的目標，吳宗信在二〇一二年於交大成立了前瞻火箭研究中心，他希望百分之百用自己的頭腦，用台灣的精神，做出「台灣火箭」。

吳宗信對於做出台灣火箭的堅持，令我想到「怒而飛」三個字。「怒而飛」出自《莊子．逍遙遊》，鯤化而為鵬，必須怒而飛，水擊三千里，摶扶搖而上九萬里之高，方可逍遙翱翔。

洪蘭（時雨化之）

洪蘭教授，是大腦神經科學領域的專家，是一位博學多聞的認知心理學家。在演講中，洪蘭教授常常提醒家長：「孩子學習任何事物，都是靠模仿，因為大腦裡有鏡像神經元，如果父母親不閱讀，孩子當然也不閱讀。」

當許多父母為孩子的未來規畫學習，讓孩子學這個、學那個。洪蘭教授卻強調，從教育來看，做什麼事情都不及啟發一個孩子的心靈更有價值。而親子關係最重要的是「陪伴」，陪伴的重要層面是心理上的安慰，讓孩子願意和父母分享心事。

孟子曰：「君子之所以教者五：有如時雨化之者，有成德者，有達財（材）者，有答問者，有私淑艾者。此五者，君子之所以教也。」此處君子乃泛指良師，良師授業有五大方向，而給予學生及時雨為首要，如渴者之遇雲霓而解。

陳彥博（茲遊奇絕）

陳彥博是極地超級馬拉松運動員，完成了世界七大洲、八大站的超級馬拉松賽，奪得四大極地沙漠的世界總冠軍。

從馬拉松轉換成極地超級馬拉松，跑步變成認識世界的途徑，是陳彥博生活的一部分。不論是在雪地、高山，還是沙漠，長跑的路途中，陳彥博學會與孤獨共處，他安然地找到自己、傾聽內心的聲音。

陳彥博以他的雙腳跑遍世界各極地，在荒漠中歷經生死的考驗，卻也「飽覽」世界的奇異風光。呼應北宋大文豪蘇東坡，一生命運多舛，跌宕起伏，三貶黃州惠州儋州，不怨不委，卻能活出千年不遇的樂觀豁達。詩云：「九死南荒吾不恨，茲遊奇絕冠平生。」

黃秀華（香如故）

槑齋男主人莊添祿在新竹橫山創建了台灣唯一的佛教洞窟綠建築，裡面供奉著由台灣最好的檜木、樟木、肖楠所雕刻的佛像。這座自然採光、不用空調的佛像展覽館，是莊添祿送給愛妻黃秀華的禮物。篤信佛教的黃秀華解釋，取名「槑齋」是因為兩個呆在一起，就像是兩個人手牽手。而「齋」就是家、宅的意思。一個家一定有兩個人組合而成，所以一定要相親相愛。

黃秀華的生命曾經遭逢巨變，曾經罹癌，又歷經兒子車禍驟逝，當時覺得世界一片晦暗，她幾乎被悲苦淹沒了。後來她逐漸面對，體悟到世事無常，來自於人生如常。她決定用感恩的心，珍惜每一個當下。

南宋愛國詩人陸游《卜算子．詠梅》：「零落成泥碾作塵，只有香如故。」即使花落化為塵土，其味仍久久芬芳，就如人的情操，不會因生命的結束而殞落，反而精神永存。

李偉文（氣自華）

牙醫診所的診間，環顧四周都是書，儼然是一座小型圖書館，這是牙醫師李偉文的診所。溫文儒雅的李偉文，身分很多，牙醫師、作家、講師、荒野保護協會榮譽理事長。

李偉文善於管理時間、樂於學習，他每個月會讀二十本書，訂了二十幾種雜誌，所以一個月大概可以讀到四十本書。他認為，紙本閱讀培養了自己的理解力和專注力。除了閱讀，李偉文喜歡親近大自然，他說，當一個人回到大自然，相信不論年齡大小，都會感到輕鬆自在。

「麤繒大布裹生涯，腹有詩書氣自華。」是北宋大文豪蘇東坡的名句。人不論貧富貴賤，皆可因讀書而昇華氣質。就算是穿著粗布褐衫，那發自內在蘊含的書卷氣息，也會讓出眾的氣質外顯，卓爾不群。

康木祥（大藝無形）

全球第一件以電梯鋼索創作的作品《無限生命》讓台北一〇一退役電梯鋼纜重生，康木祥成功地開啟了「一條連結世界的鋼索」藝術行動。

從小學習木雕的康木祥，也從事雕塑，從雕塑轉換成電梯鋼索創作是困難的嘗試。康木祥說：「當困難來臨時，就是進步的機會。」康木祥的電梯鋼索作品於德國柏林、瑞士、法國巴黎、德國漢堡市政廳、美國百老匯大道、華盛頓雙橡園、紐澤西大地雕塑公園等國際知名城市、地標巡迴展出後返鄉回台，目前於墾丁國家公園、鵝鑾鼻公園展出。

從鋼索創作中，康木祥體會出「順勢而行」的道理。道，至大無外，至小無內，無形無狀，形上為道，形下為器。藝者，亦復如此，故追求藝術的最高境界，必達乎於道。康木祥的創作真正展現「大藝無形」之精神。

國家圖書館出版品預行編目（CIP）資料

傻瓜與超人：30 個超越自我，用生命影響生命的故事 / 曲全立作. --
初版. -- 臺北市：今周刊出版社股份有限公司, 2024.03
392面；14.8×21公分. --（Those；2）
ISBN 978-626-7266-61-8（平裝）

1. CST: 臺灣傳記

783.31 113000026

THOSE 002

傻瓜與超人

30個超越自我，用生命影響生命的故事

作　　者　曲全立
文字統籌　趙文豪
書法創作　王志揚
劇照攝影　李思敬
總 編 輯　許訓彰
責任編輯　陳家敏
封面設計　林宇晟
內文排版　家思編輯排版工作室
校　　對　黃茂森、李志威、許訓彰

行銷經理　胡弘一
企畫主任　朱安棋
業務主任　林苡蓁
印　　務　詹夏深

發 行 人　梁永煌
社　　長　謝春滿

出 版 者　今周刊出版社股份有限公司
地　　址　台北市中山區南京東路一段96號8樓
電　　話　886-2-2581-6196
傳　　真　886-2-2531-6438
讀者專線　886-2-2581-6196轉1
劃撥帳號　19865054
戶　　名　今周刊出版社股份有限公司
網　　址　http://www.businesstoday.com.tw

總 經 銷　大和書報股份有限公司
製版印刷　緯峰印刷股份有限公司
初版一刷　2024年3月
初版七刷　2024年4月
定　　價　460 元

Those

Those

Those

Those